Historische Gasthöfe
in Berlin und Brandenburg

Günter Köhler • Friedhold Birnstiel

Historische Gasthöfe

in Berlin und Brandenburg

edition q

Herausgegeben von der Friedhold Birnstiel GEV Ragow GbR mit dankenswerter Unterstützung durch den Hotel- und Gaststättenverband in Berlin und Brandenburg sowie namhafte Dienstleister der Gastronomie beider Länder.
Das Projekt wurde gefördert von Drinks & Food Vertriebs GmbH Berlin, ISF International Spirituous Forum GmbH, der Radeberger Gruppe/Berliner-Kindl-Schultheiss-Brauerei, Lichtenauer Mineralquellen und der CITTI GmbH Kiel.

Weitere Informationen jetzt auch im Internet:
www.historische-gasthoefe.de

Bibliografische Information der Deutschen Nationalbibliothek
Die Deutsche Nationalbibliothek verzeichnet diese Publikation in der Deutschen Nationalbibliografie; detaillierte bibliografische Daten sind im Internet über http://d-nb.de abrufbar.

2. überarbeitete und aktualisierte Auflage

KulturBrauerei Haus S
Schönhauser Allee 37, 10435 Berlin
post@bebraverlag.de
Lektorat: Christian Härtel, Assistenz: Johannes Kersten, Berlin
Gesamtgestaltung: Friedrich, Berlin
Druck und Bindung: Printer Trento

ISBN 978-3-86124-613-8

www.bebraverlag.de

Inhalt

Vorwort

Das Buch lädt an historische Orte Berliner und Brandenburger Gastlichkeit ein. Begleiten Sie uns auf einen Streifzug durch berühmte Herbergen und Gasthäuser beider Länder, die tief in Geschichte, Brauchtum, Tradition und Landschaft verwurzelt sind, die ein unverwechselbares Ambiente besitzen und sich gerade deshalb großer Publikumsgunst – vielfach über die Ländergrenzen hinaus – erfreuen. Ob im feudalen Schloss, einer jahrhundertealten Burg oder am Stammtisch eines Ratskellers, ob in der Klosterschänke, in der schon die Mönche zechten, oder einer alten Mühlengaststätte, ob im jahrhundertealten Brauhaus, einer Einkehrstätte im Sorbenland oder einem seit Generationen geführten Landgasthof – Essen und Trinken »im historischen Gewand«, gastronomische Erlebnisse solcher Art sind mehr und mehr gefragt. Zum leiblichen Genuss gesellt sich dann stets auch ein Bildungs- und Informationsgewinn.

Berlin und Brandenburg sind reich an solchen einmaligen Häusern, und die Auswahl fällt deshalb nicht leicht. So manch andere geschichtsträchtige Einkehrstätte hätte es ebenfalls verdient, sich im Buch wiederzufinden. Allein der vorgegebene Umfang setzt eine Auswahl durch die Autoren voraus. Wir wollen vor allem Anregungen und Informationen geben, anhand der Häuser und ihrer Geschichte zugleich Wissenswertes über Land und Leute, Überlieferung und die kulinarischen Schätze einer in Jahrhunderten gewachsenen gastlichen Kultur mitteilen. Und wir möchten neugierig machen auf Unbekanntes und Neues im Wandel der letzten Jahre. Viele der traditionsreichen Gasthäuser wurden seit der Wiedervereinigung restauriert, um- und ausgebaut, ja so manches gar nach Jahrzehnten erst wieder zum Leben erweckt. Damit wurde nicht nur die gastronomische Szene mit erfolgreichen Konzepten bereichert, sondern zugleich auch eine Tourismus fördernde Leistung für das Land und die Region erbracht, die Respekt und öffentliche Anerkennung verdient. Das Buch möchte gern auch dafür ein Zeichen setzen.

Die vorliegende Edition ist die aktualisierte Neuauflage des im be.bra. verlag Berlin 2002 erschienenen Text-Bild-Bandes »Historische Gasthöfe in Berlin und Brandenburg«, der mittlerweile auf Grund der starken Nachfrage vergriffen ist. Sie steht in einer Reihe mit weiteren Publikationen in gleicher Herausgeber- und Autorenschaft, die in den letzten Jahren über alle neuen Bundesländer erschienen sind und 2006 mit Schleswig-Holstein fortgeführt wurde. Die jeweils auf ein Bundesland bezogene Vorstellung der renommiertesten historischen Gasthöfe, Herbergen und Restaurants ist auch als editorisches Unternehmen so einmalig wie jedes der Häuser selbst. Dies war wohl einer der Gründe für die Auszeichnung des 2003 erschienenen Bandes über Mecklenburg-Vorpommern als »Bester Gaststättenführer« in der Kategorie »Deutsche Sprache« durch die internationale Organisation Gourmand World Cookbook Awards.

All die Jahre konnten sich Verlag und Herausgeber auf die dankenswerte Unterstützung durch kompetente Partner vor Ort stützen – Ministerien und Landesvertretungen, Landesverbände des DEHOGA und Tourismus-Agenturen, so auch in Berlin und Brandenburg. Die vertrauensvolle Zusammenarbeit

mit ihnen war für das Gelingen des jeweiligen Buchprojekts und die Auswahl der Häuser unverzichtbar. Ihnen gebührt Dank – und natürlich ganz besonders den Gastronomen selbst für die Unterstützung bei den Text- und Bildarbeiten. Von großem Wert sind auch die Förderung und das finanzielle Sponsoring durch namhafte Wirtschaftsunternehmen. Herausgeber und Verlag wussten sich dabei in der glücklichen Lage, keinerlei finanzielle Ansprüche an die im Buch vorgestellten Häuser stellen zu müssen.

Mit dem Fall der Mauer hat der Touristenstrom in die Mark Brandenburg und die deutsche Metropole stetig zugenommen. Aus aller Welt kommen Besucher, Urlauber und Geschäftsleute, Vereine und Gesellschaften hierher, um die im Um- und Aufbruch befindliche Hauptstadt des wiedervereinigten Deutschlands zu erleben, ihre historischen Denkmäler kennenzulernen und den landschaftlichen Reiz einer von Seen und Wäldern umgebenen Millionenstadt zu genießen. 2006 kamen gut sieben Millionen Gäste aus aller Welt. Gleiches kann das Land Brandenburg für sich in Anspruch nehmen mit seiner Vielzahl historischer Denk- und Sehenswürdigkeiten, Schlössern und Gärten, mit seiner ursprünglichen und unverbauten Landschaft, verträumten Wäldern und Seen, mit seiner noch weitgehend intakten Natur, die in den zahlreichen Kur- und Heilbädern genutzt wird. So ist naturbezogener Tourismus im wasserreichsten Bundesland zu einem Markenzeichen des brandenburgischen Fremdenverkehrs geworden mit einer Besucherzahl von 3,5 Millionen im Jahr 2006.

In dem Geflecht von Gast- und Landeskultur nehmen – wie unser Streifzug zeigt – die historischen Gasthöfe ihren unverzichtbaren Platz ein. Für ihre Besucher lassen sie mit den gastronomischen Angeboten auf hohem Niveau etwas zur bleibenden Erinnerung werden: das Erlebnis Berlin-Brandenburg. Die Gemeinsamkeiten beider Länder auch auf gastlich-sympathische Weise zu bezeugen, ist nicht zuletzt ein Anliegen des Buches.

Berlin

Berlin ist eine Stadt der Superlative und der Einmaligkeit. Sie ist deutsche Metropole und als Stadtstaat zugleich auch Bundesland. Als Hauptstadt ist sie unter den europäischen die jüngste: ihr »Gründungsjahr« anno 1871 ist identisch mit dem des deutschen Kaiserreiches und Nationalstaates. Die Hälfte der Stadt ist von Parks und Grünanlagen, Wäldern, Flüssen und Seen bedeckt. Das Wasser der Spree, der Havel und Dahme mit ihren großflächigen Ausbuchtungen Müggelsee und Tegeler See, Wannsee und Schlachtensee übertrifft die Wasserfläche Venedigs, Amsterdams und Stockholms ebenso wie die Zahl der über 2000 Brücken. Seen und Forste geben der »Berliner Luft« ihren »holden Duft« und machen die Stadt zu einem gefragten Urlaubs- und Naherholungsgebiet. Zusammen mit dem brandenburgischen »Speckgürtel« hinter der 234 Kilometer langen Stadtgrenze bildet sie den drittgrößten europäischen Ballungsraum. Berlin, so sagt man, hat als einzige europäische Stadt mehr Museen als Regentage im Jahr: 170 an der Zahl. Und nur sie besitzt eine ganze »Museumsinsel« im Zentrum der Stadt mit weltberühmten Kunstschätzen. Ihr Fernsehturm mit 368 Metern ist der höchste innerhalb der Europäischen Union, der 2006 eingeweihte Lehrter Bahnhof als Hauptbahnhof das größte Eisenbahndrehkreutz Europas.

Die ganz und gar einmalige Besonderheit Berlins indes liegt in ihrer spannungsvollen und widersprüchlichen fast 800-jährigen Geschichte. Sie ist die einzige Kapitale weltweit, die zweimal als Zwillingsstadt auf der Landkarte auftauchte: fast fünf Jahrhunderte lang als Berlin-Cölln, von der ersten urkundlichen Erwähnung 1237 an bis zur Verschmelzung als königlich-preußische Residenzstadt Berlin im Jahre 1709, und mehr als vier Jahrzehnte als Ost- und Westberlin während der deutschen Teilung. Gleich dreifach wurde sie in den letzten 130 Jahren zur Hauptstadt erhoben: mit der Reichseinigung nach Preußens Sieg über Frankreich, als hauptstädtischer Torso mit der Gründung der DDR und schließlich als wiedervereinte Stadt nach dem Fall der Mauer. Mit dem Beschluss des Deutschen Bundestages vom 20. Juni 1991 zogen in den Folgejahren Bundestag und Bundesrat, Bundeskanzler und Bundespräsident vom Rhein an die Spree.

So präsentiert sich Berlin an der Schwelle zum dritten Jahrtausend als neue-alte Hauptstadt des wiedervereinigten Deutschlands und zugleich, um mit den Worten Jean Pauls zu sprechen, »mehr als ein Weltteil denn eine Stadt«. Das Brandenburger Tor, jahrzehntelang zugemauert und Sinnbild deutscher Spaltung und Ost-West-Konfrontation, steht heute für die Weltoffenheit Berlins und ihrer 3,4 Millionen Bewohner. Aus einer Stadt, von der im 20. Jahrhundert zwei verheerende Weltkriege ausgingen, ist ein Symbol des Friedens und des europäischen Einigungsprozesses geworden. Die Siegesgöttin Viktoria auf dem Brandenburger Tor kann sich nun wieder guten Gewissens in die Friedensgöttin Eirene verwandeln, so wie es einst von ihrem Schöpfer, Johann Gottfried Schadow, gedacht war. Das 2005 im Herzen der Stadt eingeweihte Holocaustmahnmal als begehbares Feld von über 2700 Stelen ist wie

ein in Stein gemeißelter Schwur vor aller Welt, Faschismus und Rassenwahn für immer als ein Verbrechen an der Menschheit zu ächten.

Heute ist Berlin eine Metropole im Um- und Aufbruch und vermutlich die größte Baustelle Europas. Architekten aus ganz Deutschland, aus Italien, Japan und den USA zieht es an die Spree, um noch vorhandene Kriegs- und Teilungswunden zu schließen und der Stadt ein würdiges architektonisches Gesicht zu geben. Überall reicht Geschichte sich die Hand mit lebendiger, kreativer Gegenwart: Preußens glanzvolle Bauten unter den Linden oder Schlösser wie Bellevue im Tiergarten, heute Sitz des Bundespräsidenten, Charlottenburg und Köpenick – mit dem neuen Stadtzentrum am Potsdamer Platz, dem »Klein-Manhattan« von DaimlerChrysler und Sony. Ein abendlicher Bummel auf der neu erstandenen Nobel-Flaniermeile Friedrichstraße, die mittlerweile der schon betagten Dame »Kurfürstendamm« Konkurrenz macht, ist allemal ein Erlebnis. Und das hypermoderne Regierungsviertel im Spreebogen mit dem Bundeskanzleramt bildet einen eindrucksvollen Kontrast zum gegenüberliegenden Wallot'schen Reichtstagsgebäude im Stil der italienischen Hochrenaissance, dem heutigen Sitz des Bundestages. Als Industriestadt, für die Namen wie Siemens und Borsig, AEG und Schering stehen, als Wissenschafts- und Forschungszentrum mit drei Universitäten und international renommierten Instituten sowie als Theaterstadt und Verlagsmetropole ist Berlin zugleich eines der bedeutendsten Wirtschafts- und Kulturzentren Europas.

Auch Gastronomie und Hotellerie haben nach der Wiedervereinigung einen stürmischen Aufschwung genommen. Mit 10 000 Gasthöfen und Gourmet-Restaurants, Bars und Kneipen, Cafés und einmaligen historischen Häusern bietet Berlin mittlerweile eine große Vielfalt an Einkehrstätten und Herbergen. Hier erproben Spitzenköche aus aller Welt ihre Künste und hier wird die beliebte Altberliner Küche aus Heringsfilet, Currywurst und Bulette, Eisbein, Strammer Max und Ochsenbrust in Meerrettichsoße oder Kalbsleber mit geschmorten Apfelringen, gedünsteten Zwiebeln und Kartoffelpüree immer stärker mit kulinarischen Spezialitäten aus aller Welt bereichert.

In seinen Gesprächen mit Eckermann lobte schon Goethe die »klare prosaische Stadt Berlin«, in der »das Dämonische kaum Gelegenheit fände, sich zu manifestieren.« Und er schreibt das dem Berliner zu als einem »so verwegenen Menschenschlag, dass man mit der Delikatesse nicht weit reicht, sonders dass man Haare auf den Zähnen haben … muss, um sich über Wasser zu halten«. Des Dichters durchaus zutreffende Charakterisierung würde wohl der moderne Berliner kurz und knapp mit »Herz und Schnauze« übersetzen. Beides zusammen prägt Berlin, macht die Stadt liebenswert, anziehend und zu einem stets neuen Erlebnis.

Hotel Adlon

Eine Legende ist an den Pariser Platz zurückgekehrt – das Hotel Adlon. 2007 feierte es – weltweit beachtet – gleich zwei Jubiläen: ein Säkulum, den 100. Geburtstag seiner Gründung, und ein Dezennium, das Jahrzehnt seiner Wiedergeburt in jüngster Zeit. Eröffnet am 23. August 1997 durch Bundespräsident Roman Herzog, folgte dieser damit dem Einweihungsritual des »Originals« am 23. Oktober 1907 durch Kaiser Wilhelm II. Dazwischen liegt ein Jahrhundert, das den Globus verändert hat. An seinem Wege das Grand Hotel als Zeitzeuge und Akteur im Brennpunkt des Geschehens. Hier gingen die Großen der Welt ein und aus: Politiker und Industrielle, Wissenschaftler und Künstler. Hier fanden Konferenzen, politische Kongresse und entscheidungsträchtige Vier-Augen-Gespräche statt. Die Gästeliste liest sich wie ein »Who's who« einer vergangenen Epoche: von Theodore Roosevelt über Friedrich Ebert, John Davison Rockefeller und Henry Ford bis zu Albert Einstein und Thomas Mann, Charlie Chaplin, Marlene Dietrich, Greta Garbo und Enrico Caruso.

Die stilvolle Lobby.

Gründer und Namensgeber war Lorenz Adlon, das Hotel das Lebenswerk des gelernten Tischlers, der in den siebziger Jahren des 19. Jahrhunderts ins Gastgewerbe wechselte und dort bald eine steile Karriere machte. Er erwarb eine Weinhandlung, mehrere Restaurants und Hotels. Mit dem Bau des Adlon von 1905 bis 1907, der 20 Millionen Goldmark verschlang, war er am Ziel seiner Wünsche. Zählte es doch zu den schönsten und modernsten Hotels seiner Zeit. Fast hätte es sogar den Krieg unbeschadet überstanden, wäre es nicht in der Nacht vom 2. zum 3. Mai 1945 Opfer eines verheerenden Brandes geworden. Vom einstigen Prachtbau blieb nur ein Seitenflügel übrig, der noch bis Mitte der sechziger Jahre als Hotel genutzt wurde. Mit der Wohnblockbebau-

Das legendäre Hotel Adlon am Pariser Platz eröffnete im Sommer 1997 seine Tore unter der Regie der Kempinski-Hotelgruppe.

ung an der ehemaligen Otto-Grotewohl-, jetzt Wilhelmstraße, kam dann das endgültige Aus. Erst der Fall der Mauer ermöglichte das kaum noch Erhoffte: das Wiedererstehen des Adlon an seinem alten Platz. Unter der Regie von Kempinski, der traditionsreichen Luxushotel-Marke mit Häusern rund um den Erdball, wurde die glanzvolle Welt des Adlon wieder belebt, sensibel und stilvoll dem legendären Vorgänger nachempfunden. Das Gebäude mit seiner klar gegliederten hellen Sandsteinfassade und dem grünen Kupferdach ist wieder zu einem Wahrzeichen des Pariser Platzes am Brandenburger Tor geworden. Internationale Reiseführer haben es zum »Grand Hotel der Weltspitze« gekürt, und es ist in den exklusiven Zirkel von »The Leading Hotels of the World« aufgestiegen. Anspruchsvolle Gäste aus allen Erdteilen genießen hier exklusiven Wohnkomfort und vollendete Kochkunst, erfahren perfekten Service mit modernstem technischen Know-how. Wieder ist das Adlon, fast wie zu alten Zeiten, der Ort für Staatsempfänge und Premierenfeiern, Bälle und Preisverleihungen, Podiumsdiskussionen und Gala-Diners.

Mit einem Stab von über 400 »dienstbaren Geistern« betreut im statistischen Durchschnitt ein Mitarbeiter ein bis zwei Hotelgäste. Diese wissen sich aufs beste aufgehoben in den 382 Zimmern (davon 80 Suiten). Zeitlos-elegante Möbel aus Kirsch- oder Myrtenholz, kontrastreiche Farbgestaltung, Kunstgegenstände und luxuriöse Bäder, in denen die Dusche jeweils auch als Dampfkabine benutzt werden kann, vermitteln ein harmonisches Wohlgefühl. Dazu gehören alle technischen Annehmlichkeiten unserer modernen Zeit von der Klimaanlage über Fax- und PC-Anschluss, Mobil- und ISDN-Telefon bis zu Satelliten-TV, Wireless LAN und UMTS. Entspannen oder sich aktiv sportlich betätigen lässt es sich trefflich in dem im antiken Stil gestalteten Wellnessbereich mit Schwimmbad, Sauna, Dampfbad und Solarium, Massage- und Fitnessräu-

Gourmet-Restaurant Lorenz Adlon.

Das Restaurant Quarré im Erdgeschoß öffnet seine Flügeltüren zur Sonnenterrasse am Pariser Platz mit Blick auf das Brandenburger Tor.

Der Ballsaal ist der ideale Schauplatz für gesellschaftliche Ereignisse.

men. Ein eigenes Kosmetikstudio sorgt für die schöne Tagesform. Und in der Ladenpassage im Erdgeschoss mit ihren hochwertigen Geschäften, Boutiquen und Galerien kann sich der Gast seinen ganz speziellen Kaufwunsch erfüllen. Ganz besonders sind es natürlich die Restaurants und Bars, die den Gast in eine Welt vollendeter kulinarischer Genüsse entführen: das Restaurant Quarré mit seinen lichtdurchfluteten Räumen und mit Terrasse zum Pariser Platz und zum Brandenburger Tor hin (150 Plätze), in dem ein abwechslungsreiches Angebot an internationalen und regionalen Gerichten geboten wird. Im exklusiven Gourmet-Restaurant Lorenz Adlon (30 Plätze) auf der Bel Etage erwarten den Besucher lukullische Raffinessen der Haute Cuisine, besonders der französichen Kochkunst.

Diese Feinschmeckerrestaurants bieten ganz besondere Spezialitäten, die es eben nur hier gibt. So etwa die Adlon-Ente aus dem Südoldenburger Land, ein gefragter Leckerbissen, in zwei Gängen serviert und am Tisch tranchiert, oder auch die berühmte Adlon-Torte aus schottischem Nusteig und französischer Schokolade. Verdienter Lohn der Koch- und Tischkultur des Grand Hotels ist seit Jahren der »Michelin-Stern« für das Restaurant Lorenz Adlon.

Das berühmte Haus mit seiner 100-jährigen Tradition lebt stets auch mit Blick auf die Zukunft. Davon zeugt das Adlon-Palais in der Behrenstraße direkt hinter der Akademie der Künste. Zum fünfjährigen Bestehen des neuen Grandhotels öffnet es im Jahre 2002 seine Pforten als hochkarätiges Veranstaltungs- und Gastronomiezentrum – mit großem Festsaal und Konferenzräumen, dem exklusiven China Club über zwei Stockwerke und mit Dachterrasse.

Das Adlon-Palais schließt zugleich eine der letzten Baulücken am Pariser Platz, der damit wieder wird, was er war: Wahrzeichen der Berliner Mitte, Sinnbild für Gastlichkeit und Weltoffenheit einer europäischen Metropole.

Hotel Adlon
Unter den Linden 77
10117 Berlin
☎ 030/2261-0
030/2261-2222
www.hotel-adlon.de
adlon@kempinski.com
Hotel durchgehend
Restauration:
Restaurant Quarré täglich von
6.30 bis 23.30 Uhr
Adlon-Stube
Mittwoch bis Sonntag von 12.00 bis 23.30 Uhr
Restaurant Lorenz Adlon
Dienstag bis Samstag von 19.00 bis 23.30 Uhr
Lobby Bar & Lounge
täglich von 8.00 bis 2.00 Uhr
Betreiber: Kempinski Hotels & Resorts
Geschäftsführender Direktor: Stephan Interthal

Kaisersaal – Die Salons am Potsdamer Platz

Der Kaisersaal am Potsdamer Platz war einst die Zierde des Grandhotels Esplanade. In den Jahren 1906/08 auf Geheiß des letzten Kaisers Wilhelm II. als Luxusherberge mit 400 Zimmern für die aristokratische Schickeria errichtet, gehörte das Esplanade mit seiner prächtigen Palastarchitektur im Stile des Neobarock und Neorokoko neben dem Adlon oder dem Fürstenhof zu den berühmtesten Hotelbauten der wilhelminischen Zeit. Der Kaisersaal war gar kein Saal im eigentlichen Sinne, sondern der »Rote Salon« – ein prunkvolles fürstliches »Vereinszimmer«. Hier hielt »Willem« seine »Herrenabende« ab und dinierte mit seinen pensionierten Generälen. 1918 ging der Kaiser – andere berühmte Gäste, von Charlie Chaplin bis Greta Garbo, kamen und trugen den Ruf des Hauses in die Welt. Und fast wäre es zum Ausgangspunkt einer Zeitenwende geworden, wenn Graf Stauffenberg und seine Getreuen, die hier

Der Kaisersaal.

Reste der Fassade des Grandhotel Esplanade in der Bellevuestraße.

im Esplanade die Ergebnisse des Attentats auf Hitler vom 20. Juli 1944 abwarteten, Erfolg gehabt hätten. So aber fiel auch die Nobelherberge in Trümmer, ließen die Bomben nur einen Torso übrig, der in den Jahren bis zum Bau der Mauer für Film-, Faschings- und Maskenbälle genutzt wurde.

Es war eine viel bewunderte ingenieurtechnische Leistung, die denkmalgeschützte Ruine des »Kaisersaals« in den neunziger Jahren des 20. Jahrhundersts in das Sony-Center zu integrieren. Da sie dem Straßenbau im Wege stand, musste der 1300 Tonnen schwere Gebäudeteil mittels einer Rollenkonstruktion wie auf einem Luftkissen um 75 Meter versetzt werden. Zwei Wände des Prunkraums verblieben am alten Ort – geschützt hinter einer Glasfassade. Das Marmortreppenpalais und die Waschräume mit der opulenten, in Gold und Marmor gehaltenen sanitärtechnischen Ausstattung gehören wieder zum originalen Ambiente des Kaisersaals.

Palmenhof mit Oberlicht-Glasdecke.

Dieser präsentiert sich nun als Veranstalltungs-Restaurant (70 Plätze) und kann für geschlossene Gesellschaften genutzt werden. In dem reich verzierten, mit Parkett und Flügeltüren, Kronleuchtern und Rokoko Möbeln ausgestatteten Raum wird dann zu Tisch gebeten. Eine ganz in den Farben gold-creme gehaltene Empfangs-Rotunde (20 Plätze) gibt den Weg frei zu dem eine Treppe höher gelegenen Kaisersaal. Von dort öffnet sich der Blick in das Sony-Forum unter dem gleichsam schwebenden Sonnensegel-Dach, auf ein futuristisches Glasensemble mit Filmhaus und Filmmuseum, Vergnügungs- und Verkaufseinrichtungen. Und die schnauzbärtige Majestät schaut aus dem Wandbild des Historienmalers Fricke auf das Panorama einer heute jedermann zugänglichen und nicht durch das Wörtchen »von« legitimierten Welt, die gewiss nicht mehr die seine wäre.

Architektonisch umrahmt wird der Kaisersaal von Räumlichkeiten, die in Teilen einen Hauch der glamourösen Welt des einstigen Grandhotels verspüren lassen und die für Feste und Veranstaltungen jeglicher Art das passende

Empfangs-Rotunde der Salons am Potsdamer Platz.

Gut Einkehr halten lässt sich im Lutter & Wegner-Restaurant.

Lutter & Wegner – Restaurant und Weinhandlung im Kaisersaal.

Arrangement bieten – ob Stehempfang oder Galadiner, private Feier oder Geschäftstreffen, Ausstellung oder Künstlertreff. Idealer Ort dafür sind der Silbersaal, benannt nach seinen ganz in Silber gehaltenen Säulen, wie auch der angrenzende Palmenhof mit der Oberlicht-Glasdecke (insgesamt 300 Plätze). In drei miteinander verbundenen Salons auf der Galerie, gestaltet im österreichischen oder englischen Landhausstil, können kleine Gesellschaften von 25 bis 30 Personen in stilvoller gemütlicher Runde feiern. Das Lutter & Wegner-Restaurant an der Bellevue-Straße (40 Plätze) mit Weinhandlung bietet schmackhafte deutsche Küche mit österreichischem Akzent und natürlich einer erlesenen Auswahl von über 350 Weinen. Im gegenüber liegenden Café (35 Plätze) mit Blick auf das Sony-Forum wird der Tagesgast verwöhnt mit Kaffee- und Kuchenspezialitäten, kalten und warmen Speisen.

Das gastronomische Angebot im Kaisersaal steht ganz in der Tradition der gehobenen, feinen Art. Erlesene Fünf- bis Sechs-Gänge-Menüs, Buffets und kulinarische Offerten zu Veranstaltungen sind angesagt. Alles wird frisch angerichtet – sei es Menü oder das Häppchen für den Empfang, dazu eine Auswahl von 200 erlesenen Weinen. Jedes der Menüs verrät geschmackliche Raffinesse und phantasievolle Kombination – etwa im Verbund von Gänsestopfleber-Terrine mit Brioche, Steinbuttfilet auf Gurken-Dill-Süppchen, Dreierlei vom Kalb und einem Sorbet-Arrangement, dazu jeweils die adäquate Rebe – von der Beerenauslese bis zum Lutter & Wegner Riesling Sekt.

Neben dem Kaisersaal hat auch das legendäre Café Josty wieder seinen Platz gefunden. Wenngleich in moderner Gestalt, hält es die Erinnerung an das 1793 gegründete, durch Bomben im zweiten Weltkrieg vernichtete berühmte Café am Potsdamer Platz wach. Die Namen seines Gründers, des Engadiner Konditormeisters Daniel Josty, und seiner Gäste machten es weltbekannt. Heinrich Heine, Theodor Fontane oder auch Erich Kästner gaben ihm sogar literarische Weihen.

Kaisersaal –
Die Salons am Potsdamer Platz
Bellevuestraße 1
10785 Berlin
☎ 030/25 75 14 54
Fax 030/25 75 14 56
www.kaisersaal-berlin.de
info@kaisersaal-berlin.de
Kaisersaal nach Vereinbarung
Lutter & Wegner-Restaurant täglich ab 11.00 Uhr
Kaisersaal-Café täglich ab 10.00 Uhr
Salons nach Bestellung und Vereinbarung
Inhaber: Kaisersaal Gastronomie GmbH
Geschäftsführer: Josef Laggner

Café Josty
☎ 030/25 75 11 05
Fax 030/25 75 11 06
www.josty-berlin.de
info@josty-berlin.de
täglich ab 9.00 Uhr
Inhaber: Josty-Gastronomie GmbH

Opernpalais Unter den Linden

Einst waren es die Prinzessinnen Charlotte, Friederike und Alexandrine, Töchter von Preußenkönig Friedrich Wilhelm III. (1770–1840) und seiner Gemahlin Luise (1776–1810), die dem Haus den Namen gaben. Heute ist der Gast hier König, wird es durch den Besuch berühmter Persönlichkeiten, Musiker und Künstler geadelt: von Placido Domingo bis Daniel Barenboim, Sophia Loren oder Alain Delon. So folgen Namen historischer Häuser ihrer Zweckbestimmung, und die Wandlung vom Prinzessinnen- zum Opernpalais widerspiegelt einen spannungsvollen Bogen preußischer und deutscher Geschichte.

1733 von Hofbaumeister Friedrich Wilhelm Diderichs erbaut, war es das Pendant zum Kronprinzenpalais und mit diesem später durch den charakteristischen Mittelgang in der Oberwallstraße verbunden. Hier wohnte das königliche Paar, das das wuchtige und eher kalt wirkende Stadtschloss tunlichst mied und – die »Königskinder« in steter Nähe – das traut-familiäre Ambiente der beiden Häuser bevorzugten. Diese wurden noch bis zum Ende der Monarchie 1918 von Mitgliedern der Hohenzollernfamilie oder von Hofgästen bewohnt, danach zogen Museen ein. In den Bombennächten des zweiten Weltkrieges in Trümmer gelegt, entstanden beide Häuser in den sechziger Jahren unter Professor Richard Paulick gemeinsam mit der vorher wieder aufgebauten Knobelsdorff'schen Lindenoper neu. Das einstige Prinzessinnenpalais wandelte sich zum Operncafé, einem in jenen Jahren vergleichsweise noblen Etablissement mit Café, Restaurant und Gartenterrasse. Sein ursprüngliches historisches Flair indes erhielt es in den Jahren 1990/92 nach einer originalen Vorlagen folgenden Restaurierung der Räume dank dem engagierten Wirken des Berliner

Eingang zum Opernpalais.

Gastronomen Manfred Otte zurück. Vor allem aber blieb das Haus nicht zuletzt durch das Wirken einer Bürgerinitiative seiner jahrzehntelangen gastlichen Tradition treu, die zeitweise ernsthaft erwogene Absicht, es gemeinsam mit dem Kronprinzenpalais zum Sitz des Bundespräsidenten zu machen, eine Episode.

Im eigentlichen Operncafé (160 Plätze) herrscht täglich von 8.00 Uhr an bis Mitternacht Betrieb, genießt der Gast die Atmosphäre dieses anmutig-festlichen Raums, der mit farbigen Seidenstofftapeten, großflächigen Wandmalereien mit »Linden«-Motiven und Büsten von Beethoven und Verdi geschmückt ist. Ein erlesenes Angebot von mehr als 50 verschiedenen Torten aus eigener Patisserie, Gebäck und Kuchen, feinsten Trüffeln und Pralinen, Kaffee-, Schokoladen- und Tee- sowie Eisspezialitäten bestätigt täglich den guten Ruf des Operncafés als größtem hauptstädtischen Kaffeehaus. Küche und Keller bieten von Mittag bis in die späten Nachtstunden Brandenburger und internationale Gerichte, kulinarische Kunststücke aus Topf und Pfanne bis zu Vegetarischem wie Gemüsestrudel, Zwiebel-, Lauch- oder Spinatkuchen. Für den Liebhaber gehobener deutscher und Berliner Küche oder besonders deftiger Brandenburger Gerichte von Fisch und Geflügel empfiehlt sich die stil- und stimmungsvolle Schinkelklause im Souterrain (120 Plätze). Der Operntreff als Cocktailbar ist dem berühmten Pariser Café Marly nachempfunden. Hier kann der Gast erlesen frühstücken, kleine und feine Speisen zu sich nehmen und am Nachmittag französische Patisserie genießen. Nachtschwärmern bietet die Bar (80 Plätze) den idealen Treff. Im eleganten Rokoko-Stil präsentieren sich die Räume in der oberen Etage des Opernpalais. Zu ihnen führt eine weit

Salon Königin Luise in der oberen Etage.

ausschwingende Wendeltreppe mit originalem schmiedeeisernen Geländer aus dem 18. Jahrhundert aus dem einstigen Schloss Buch – überwölbt von einer kobaltblauen Sternenkuppel nach einem Schinkel'schen Bühnenbildentwurf für Mozarts »Zauberflöte«. Hier – im Salon Königin Luise oder im Prinzessinnensaal (letzterer teilbar in verschiedene Salons gewünschter Größe) – können Empfänge und Festlichkeiten mit bis zu 300 Personen stattfinden. Ausgestattet mit modernster Kommunikationstechnik eignen sie sich auch vorzüglich für Konferenzen und Tagungen. Seit geraumer Zeit sind im Opernpalais die kulinarische und künstlerische Erlebniswelt eine erfolgreiche Verbindung eingegangen. »Dinner Theater im Opernpalais« heißt das Markenzeichen und steht für Gala-Shows mit bekannten in- und ausländischen Künstlern, musikalisches Kabarett, Musical- und Theaterinszenierungen sowie das mittlerweile sehr beliebte Opern-Dinner, das ins Reich der Sinne und Genüsse entführt. Selbst der Preußen-Krimi, eine Buchreihe im be.bra verlag Berlin, feierte hier schon Theaterpremiere.

Opernpalais Unter den Linden
Unter den Linden 5
10117 Berlin
☎ 030/20 26 83
✉ 030/204 44 38
www.opernpalais.de
info@opernpalais.de
Café täglich von 8.00 bis 24.00 Uhr
Schinkelklause täglich von 11.30 bis 1.00 Uhr
Operntreff von 10.00 bis 1.00 Uhr
Inhaber: Manfred und Petra Otte
Direktor: Michael Hendrich

Wer an schönen Tagen auf der größten Sonnenterrasse der Linden vorm Haus (über 500 Plätze) Platz nimmt, verspürt den Zauber von Berlins historischer Mitte hautnah. Man befindet sich mitten im Forum Fridericianum mit Lindenoper, Schinkels Neuer Wache und dem Zeughaus, mit Humboldt-Universität und Staatsbibliothek, der katholischen St. Hedwigs-Kathedrale, der »Kommode«, ehemals königliche Bibliothek, und dem Gouverneurshaus. Direkt vis á vis dem Opernpalais grüßt Friedrich II. vom majestätischen Reiterstandbild Christian Daniel Rauchs (1777–1857) herüber.

Kuchentheke im Operncafé.

Restaurant Borchardt

Weithin sichtbar am Dachfirst in Stein gemeißelt die lateinischen Lettern: F. W. BORCHARDT MDCCCLIII. Als wäre das berühmte Berliner Weinlokal mit seiner Gründung anno 1853 für die Ewigkeit gedacht. War es sicher nicht – und doch hat es seitdem in der gastlichen Kultur Berlins Bestand, ja sie sogar in starkem Maße geprägt.

Das 1900 im Neorenaissancestil aus rotbraunem Sandstein errichtete, mit Attika und Pilastern reich verzierte Gebäude war zu dieser Zeit bereits eine bekannte Adresse – verbunden mit dem Namen des Wein- und Delikatessengroßhändlers August Friedrich Wilhelm Borchardt. Als 27-Jähriger hatte er in jenem Jahr 1853 in der Französischen Straße ein kleines, exklusives Weinlokal eingerichtet, in dem Weltoffenheit, feine Lebensart und Esskultur – seinerzeit in der preußischen Hauptstadt nicht gerade alltäglich – gepflegt wurden. Gar bald entstand ein Unternehmen mit Weingroßhandlung, Gastronomie und Versandküche, mit Delikatessen- und Kolonialwarenangebot. Borchardt avancierte zum königlich-kaiserlichen Hoflieferanten, bediente sogar den russischen Zaren mit seinen Produkten. Durch Bombenangriffe im Zweiten Weltkrieg stark beschädigt und in Teilen, eingeschlossen die historische Weinstube, vernichtet – verlor das Haus seinen Glanz. In den DDR-Jahren war es Tanzlokal und schließlich gefragte Fischgaststätte. Erst nach dem Fall der Mauer fand es 1992 dank des Engagements der passionierten Gastronomen Roland Mary und Marina Richter, nach umfassender Sanierung und Rekonstruktion der historischen Räume zu seinen Ursprüngen als Ort gehobener Gastlichkeit zurück.

Innenhof des Restaurant Borchardt.

Restaurant in den Räumen der ehemaligen Borchardt'schen Weinhandlung.

Auch heute noch wird hier der Philosophie des Hausgründers folgend »ein Mahl von einem gewissen kosmopolitischen Charakter« serviert.

In der einstigen Borchardt'schen Verkaufshalle, dort, wo die Waren ausgestellt wurden, empfängt ein ungewöhnliches Restaurant (180 Plätze) seine Gäste – mit Marmorsäulen, bekränzt von weit ausladenden Kapitellen, mit Sitzbänken im roten Samt und Halterungen aus Messing. Ein lichtdurchfluteter Innenhof (100 Plätze) mit Blick auf die eindrucksvolle Backsteinfassade des ehemaligen Borchardt'schen Weinspeichers über sechs Etagen lädt an schönen Tagen zum Verweilen ein. Hier, im »Hinterhof«, befindet sich auch ein stilvoller Salon (35 Plätze) für ungestörtes Feiern im kleinen Kreis. In kurzer Zeit ist das Haus wieder zum Treff von Politikern, Journalisten und Wirtschaftsgrößen, Hollywood-Stars und Künstlern geworden.

Die »Tafelfreuden zwischen Marmorsäulen« folgen ganz individuellen Wünschen und der Philosophie des Hausgründers, wie sie in einer Festschrift von 1903 formuliert war, nämlich »ein Mahl von einem gewissen kosmopolitischen Charakter zu bereiten, das dem Gaumen schmeichelt, ohne den Magen zu belästigen«. Seit Jahren vom Gourmet-Reiseführer »Gault Millau« gepriesen, wird die saisonale und regionale Küche ebenso gepflegt wie die internationale Cuisine. So werden im Sommer täglich bis zu sechs Zentnern frisch gestochener Spargel verbraucht und die wechselnde Mittags- und Abendkarte bietet neben Gourmet-Menüs auch klassische Gerichte wie das Wiener Schnitzel mit Kartoffelsalat oder Kalbsrückensteak. Historische Borchardt-Gerichte finden großen Zuspruch – so das »Schnitzel à la Holstein«. Es ist nicht etwa der Landschaft, sondern dem besonderen Wunsch eines einstigen Stammgastes geschuldet: Friedrich von Holstein, der »Grauen Eminenz« im Auswärtigen Amt des Kaiserreichs und zeitweise Bismarcks Privatsekretär. Dieser wollte zum Kalbsschnitzel eine besonders üppige Dekoration, und so wird sie eben auch serviert – mit Spiegelei und Sardellenkranz, »umrankt« von grünen Bohnen und Champignons, mit Kaviar, Lachs, Sardinen und Weißbrotscheiben.

Restaurant Borchardt
Französische Straße 47
10117 Berlin
☎ 030/81 88 62 62
030/81 88 62 49
www.gastart.de
borchardt@gastart.de
täglich ab 11.30 Uhr
(Küche von 12.00 Uhr bis Mitternacht)
Inhaber: Roland Mary

Restaurant VAU

Eine Gedenktafel ziert den Hauseingang mit dem Bildnis eines schönen Frauenantlitzes: Rahel Varnhagen von Ense, geb. Levin (1771–1833). Hier – in der Jägerstraße 54 – befand sich der erste literarische Salon der wohl bekanntesten Jüdin Berlins um die Wende vom 18. zum 19. Jahrhundert. Ab 1793 versammelte sie Persönlichkeiten verschiedener Stände und Konfessionen zu freiem Gedanken- und Meinungsaustausch. Geistesgrößen wie Schlegel, Schleiermacher und Fichte, die Gebrüder Humboldt und Tieck, Fouqué und Kleist waren bei ihr zu Gast. Just nun an diesem Ort, in einem Ende des 19. Jahrhunderts im spätklassizistischen Stil errichteten großbürgerlichen Stadthaus, wurde 1997 das VAU eröffnet.

Wenngleich das von Rahel so geliebte »Dachstübchen« durch den späteren Umbau verschwand, erinnert nicht nur das lautgesprochene »V« an sie. Unbefangen, liebenswürdig und charmant wie vor 200 Jahren werden auch heute die Besucher in dem Haus empfangen. Sie fühlen sich wohl und gut aufgehoben in dem langgestreckten Restaurant (90 Plätze) im klassisch-modernen Ambiente mit der Tonnendecke, dem abtrennbaren Salon Rahel mit breiter Fensterfront zur Jägerstraße oder der für kleine Festlichkeiten genutzten Kellerbar.

Die Umgestaltung der Büro- und Funktionsräume aus DDR-Zeiten trägt die Handschrift des Architekten Meinhard von Gerkan. Alles ist erlesen und unverwechselbar: Gemälde des Beuys-Schülers Oliver Jordan schmücken die Wände des Restaurants, die sich im venezianischen Stuccolustro, einer jahrhun-

Gemälde von Oliver Jordan im Restaurant.

dertealten Spachteltechnik, darbieten; die Fussböden sind aus amerikanischer Eiche, die eigens angefertigten Möbel aus warm leuchtendem Birnbaumholz.

»Essen mit Freunden wie bei Freunden« soll hier wie zu Zeiten der Varnhagen Menschen zusammenführen zu anregendem Disput und leiblichem Vergnügen. Die Qualität der Küche von Kolja Kleeberg wird durch vielfältige Auszeichnungen und Prädikate von »Michelin«, »Gault Millau«, »Aral-Schlemmeratlas« oder »Varta-Führer« belegt. Der dreimalige Meisterkoch Kolja Kleeberg benutzt frische saisonale Produkte, auch gern aus dem Berliner Umland, z. B. Wild, Fisch und Gemüse. Seinen Küchenstil, der ungezwungen mit vielen Einflüssen spielt und in keine Schublade passt, nennt er mit einem Augenzwinkern »Berlin Cuisine«: »Weil mir das die größte Freiheit im Umsetzen unserer ganz persönlichen VAU-Küche lässt und ein Spiegelbild der lebendigen Kultur der Stadt ist, in der ich lebe«, so Kleeberg selbst.

Der Weinkeller mit ca. 480 Weinen aus aller Welt gehört zu den größten und bestsortierten in der Berliner Gastronomie. Die einstige Liebesbezeugung Kurt Tucholskys zu dem edlen Getränk: »Schade, dass man einen Wein nicht streicheln kann« – hier im VAU kann man sie gut verstehen. Der Standort von VAU – die Jägerstraße im Herzen Berlins – ist eine wahre Geschichtsmeile und Kern des Berliner Bankenviertels, untrennbar verbunden mit dem jüdischen Bankhaus Mendelssohn, das im 19. Jahrhundert zur größten Berliner Privatbank avancierte. Deren hiesiges Stammhaus war viele Jahrzehnte zugleich Treffpunkt namhafter Künstler und Gelehrter. Nur ein paar Schritte von VAU entfernt liegt der Gendarmenmarkt mit Deutschem und Französischem Dom sowie dem Schinkelschen Schauspielhaus – gelobt schon von Lessing als schönstem Platz Europas.

Gedenktafel für Rahel Varnhagen im Hauseingang.

Restaurant VAU
Jägerstraße 54/55
10117 Berlin
☎ 030/20 29 73-0
030/20 29 73-11
www.vau-berlin.de
restaurant@vau-berlin.de
Montag bis Sonnabend
12.00 bis 14.30 Uhr und
19.00 bis 22.30 Uhr (Küche)
Sonntag Ruhetag
Restaurantleitung: Fam. Kleeberg

Lutter & Wegner Gendarmenmarkt

In dem 1811 gegründeten gleichnamigen Lokal der königlichen Wein-Hoflieferanten Lutter & Wegner am Gendarmenmarkt waren sie Stammgäste: Carl Maria von Weber und Heinrich Heine, Richard Wagner, Adelbert von Chamisso und Joseph Freiherr von Eichendorff. Nacht für Nacht unterhielt der gleich um die Ecke wohnende E. T. A. Hoffmann die Tafelrunde der Serapionsbrüder mit skurrilen Spuk- und Gespenstergeschichten. Und der berühmte Schauspieler Ludwig Devrient, Darsteller des trinkfreudigen Falstaff, war es schließlich, der hier den Namen »Sekt« erfand. Auch in späteren Zeiten gaben berühmte Künstlernamen dem Haus die »Weihen« – von Marlene Dietrich bis Josephine Baker, Claire Waldoff oder Friedrich Hollaender. Ausgelöscht in den Bombennächten des Zweiten Weltkrieges, erstand es danach wieder neu: zunächst im Westberliner »Exil« und nach dem Fall der Mauer an historischem Standort am Gendarmenmarkt in der Charlottenstraße 56, nur zwei Ecken weiter von seiner einstigen Adresse Charlottenstraße 49. Die Ironie der Geschichte wollte es, dass Lutter & Wegner nun genau dorthin zog, wo einst sein berühmtester Stammgast E. T. A. Hoffmann sieben Jahre lang bis zu seinem Tode 1822 wohnte. Eine Gedenktafel erinnert daran.

1997 wurde Lutter & Wegner nach umfangreichen Restaurierungsarbeiten wieder eröffnet. Der Gast kann aus über 800 Weinsorten wählen, ihn hier genießen oder auch käuflich erwerben. Das Restaurant (100 Plätze) vereint das klassische Ambiente eines Weinlokals mit modernen Stilelementen. In der

Hoffmannstube (oben) und Restaurant (links).

Weinstube (60 Plätze) mit Kreuzgewölbe-Kassetten und Säulenpaneelen, darauf Hunderte Weinflaschen im Karree angeordnet, kann bis in die tiefe Nacht gefeiert werden. In der Hoffmannstube (40 Plätze) wird so manche Gruselgeschichte des Erzählers bei einem erlesenen Tropfen zum literarischen Vergnügen. Und in der Weinhandlung (30 Plätze) gerät der Laie in Verwirrung und der Kenner ins Schwärmen angesichts der bis zur Decke reichenden offenen oder in die Wand eingelassenen Weinschränke mit ihrer Vielfalt vornehmlich deutscher und österreichischer, französischer und italienischer Rebsorten. Die Palette umfasst bekannte Markenweine ebenso wie einmalige Raritäten.

Die Weinhandlung.

Die im Preis-Leistungs-Verhältnis gut ausgewogene internationale Küche mit betont österreichischer Prägung – geschuldet der Herkunft des heutigen Hausherrn und seines Mâitres an Herd und Pfanne – wird von den Gästen gern angenommen. Frische und Vielfalt sind Gütesiegel; die Standardkarte wird jeweils ergänzt durch eine täglich wechselnde Mittags- und Abendkarte.

An sonnigen Tagen hat der Gast auf der Restaurant-Terrasse (100 Plätze) einen der schönsten Plätze Europas direkt vor Augen. In den dreißiger Jahren des 18.-Jahrhunderts wurde hier auf Geheiß des Soldatenkönigs Friedrich Wilhelm I. das Garderegiment »Gens d'Armes« stationiert, das dem Platz den Namen gab. Zu Adel und Ruhm gelangte er durch seine Bauten, das klassizistische Schinkel'sche Schauspiel- und heutige Konzerthaus sowie die es flankierenden Gontard'schen Kuppelbauten des Deutschen und des Französischen Doms. Mittlerweile hat Lutter & Wegner in weiteren historischen Häusern der Hauptstadt Einzug gehalten – so u.a. im legendären Weinhaus Huth und im Kaisersaal, den Salons am Potsdamer Platz.

Lutter & Wegner Gendarmenmarkt
Charlottenstraße 56
10117 Berlin
☎ 030/20 29 54 10
Fax 030/20 29 54 25
www.lutter-wegner-gendarmenmarkt.de
info@l-w-berlin.de
Restauration täglich mit warmer Küche von 12.00 bis 24.00 Uhr
Restaurant: 12.00 bis 01.00 Uhr
Weinstube: 18.00 bis 03.00 Uhr
Weinhandlung: 11.30 bis 19.00 Uhr
Inhaber: Laggner GmbH

Schokoladen-Restaurant

Es ist die süße Verführung pur: Fassbender & Rausch am Gendarmenmarkt. Täglich drängeln sich die Kakao-Liebhaber in den eleganten Verkaufsräumen und können den außergewöhnlichen Schokoladen-Kreationen aus Edel-Kakao der besten Anbaugebiete der Welt, den Trüffeln, Pralinen und Figuren nicht widerstehen. Bewundernd fällt der Blick zugleich auf die ausgestellten Kunstwerke aus Schokolade – auf den Reichstag, der etwa 286 Kilo schwer ist. Oder auf einen Vulkankegel, der flüssige Schokolade als blubbernde »Lava« ausstößt und auf die Titanic mit über zwei Metern Länge, der Rumpf in massiver Zartbitter-Schokolade und aus 1200 Einzelteilen zusammengesetzt. Das Familienunternehmen in vierter Generation gilt heute als »das größte Schokoladenhaus der Welt«. Gewiss hätte sich das der selige Heinrich Fassbender selbst in seinen kühnsten Träumen nicht erhofft, als er 1863 in der Mohrenstraße 10, nahe dem Gendarmenmarkt, die erste Schokoladenfabrik gründete. Bald stieg er dank seiner köstlichen Pralinen zum königlichen Hoflieferanten auf. Sein Ausspruch »Junge, Junge, denk an die Zunge« war stets Credo für höchste Ansprüche an Reinheit und Geschmack seiner Erzeugnisse. Nach der Fusion mit dem traditionsreichen Familienunternehmen Rausch vor einem Vierteljahrhundert gilt das Markenzeichen Fassbender & Rausch als Gütesiegel für höchste Chokolatierskunst aus Berlin.

Dies umso mehr, als seit September 2006 eine neue Besonderheit hinzugekommen ist: das erste und einzige Schokoladen-Restaurant Europas (100 Plätze), eingerichtet in der ersten Etage über den Geschäftsräumen. Der Besucher genießt dabei einen phantastischen Blick durch die hohen Fensterfronten auf den schon von Lessing als schönsten Platz Europas gerühmten

Schokolade in allen Variationen ist Trumpf im stilvollen Restaurant.

Wahre Kunstwerke aus Schokolade (hier die Titanic) offeriert Fassbender & Rausch seinen Gästen.

Gendarmenmarkt. Geboten wird heiße und kalte Trinkschokolade in erstaunlicher Vielfalt von flüssiger Edel-Bitter-Schokolade über Kreationen mit Espresso macchiato, mit rotem Pfeffer oder Chili und Milchschaum, mit Rum oder Bourbon-Vanille-Eis bis zum Schokoladen-Fondue mit Brot, Früchten und Käse oder den vielgestaltigen leckeren Schokoladentörtchen. Doch noch weiter gespannt ist der Bogen der Genüsse aus Kakao und Schokolade: Er schließt phantasievolle Menüs ebenso ein wie köstliche Desserts. Probieren Sie zum Beispiel eine feine Chorizo-Suppe mit Kakaobohnen Arriba, dazu Tomaten-Crostini auf Kakaobrot, dann Rehrücken »Equadorian Style« mit Quinoa und Kakaostückchen gratiniert. Die jeweils Freitag- und Samstagabend zelebrierten »Schokoladen-Dinner-Shows« sind ein sinnliches Erlebnis der besonderen Art – geschmacklich wie optisch. Ein Vier-Gänge-Menü etwa verspricht als Hauptgang »zart gebratene Gänsebrust mit Tamarinde-Schokoladenfüllung« und ist schon mal eine Versuchung wert.

Dass Schokolade glücklich macht, weil sie gewisse Botenstoffe als sogenannte Glückshormone freisetzt, gehört zum Erfahrungsschatz ungezählter »Süßschnäbel«. Galt doch schon im Altmexikanischen xocolatl (»Kakaotrank«) als Zaubertrank, der Gutes verhieß. So schlägt wohl auch bei Fassbender & Rausch frei nach Schiller »die Uhr keinem Glücklichen« – im Schokoladenrestaurant ebenso wie andernorts beim Verzehr der edlen Marken.

»Schokoladen-Diner-Shows« sind immer ein lukullisches Erlebnis.

Schokoladen-Restaurant
Mohrenstraße/Ecke Charlottenstraße 60
10117 Berlin
☎ 030/20 45 84 43
Fax 030/20 45 84 45
www.fassbender-rausch.de
info@fassbender-rausch.de
Montag bis Sonnabend
10.00 Uhr bis 23.00 Uhr
Sonntag 11.00 Uhr bis 23.00 Uhr
Schokoladen-Dinner-Shows Freitag- bzw. Samstagabend nach Programm
Inhaber: Jürgen Rausch

Zum Nußbaum

Berühmt gemacht hat die Gaststätte Zum Nußbaum ein Berliner künstlerisches Urgestein: »Pinsel-Heinrich« oder »Vater Zille«, wie der Maler der Armen liebevoll von den Berlinern genannt wurde. Er war Stammgast im Nußbaum. Seine Zeichnungen und Aussprüche schmücken die Wände und Nischen des Lokals.

Einmal im Monat trifft sich im Nußbaum der Zille-Verein, dem bekannte Künstler und Schauspieler wie Walther Plahte oder Frank Zander angehören. Er spürt dem Leben und Wirken des berühmten Zeichners, der auch Fotograf war, nach und hält die Erinnerung an ihn wach – so jüngst mit der Einrichtung eines Zille-Museums im Nikolaiviertel.

Lange bekannt war der Nußbaum indes schon vor Zilles Zeiten. Das originale, ursprünglich 1571 auf der Fischerinsel gebaute spitzgieblige und etwas geduckt wirkende Gebäude ist eines der ältesten Bürgerhäuser Berlins und seit zweieinhalb Jahrhunderten Gaststätte. Spreeschipper, die in der Inselstraße ihre Lastkähne ausluden, waren lange Zeit die Haupt- und Hausgäste. Seinerzeit schenkten sie der Wirtin einen Nußbaumableger, der, vor das Haus gepflanzt, ihm den Namen gab. Durch Bomben im Zweiten Weltkrieg völlig zerstört, wurde der Nußbaum in den achtziger Jahren originalgetreu wieder aufgebaut – nur eben an anderem Standort und mit einem anderen, einem nordamerikanischen Schwarznußbaum vor der Tür.

Oft findet man nur schwer einen Platz in den drei kleinen, miteinander verbundenen, mit dunklem Holz getäfelten Gasträumen (35 Plätze) mit Stammtisch, gemütlichen Ecken und kleinen Fenstern. Die Küche ist so, wie

Die Nikolaikirche und die Gaststätte zum Nußbaum im Nikolaiviertel.

Auch Heinrich Zille gehörte zu den Stammgästen im Nußbaum.

sie von den Berlinern geliebt und auch von vielen Zugereisten gern genossen wird: Hausgemachtes zu noch moderaten Preisen. Appetit holen kann sich der Gast schon beim Blick in den »Hungerturm« am Tresen – einem heute kaum noch zu findenden Wahrzeichnen Altberliner Kneipen in Gestalt einer kleinen urigen Vitrine mit selbstgemachten Buletten, Solei, Rollmops, Hackepeter und Spreewaldgurke hinter Glas. Am Tisch geht es dann deftig zur Sache – mit selbst eingelegter Sülze und Berliner Bratwurst, Linseneintopf mit Knacker und Eisbein mit Sauerkraut und Erbspüree oder heißer Blutwurst. Und bei den Getränken muss man ja nicht unbedingt der Bestellung des berühmten Stammgastes folgen, der einstmals auf die Frage des Kellners »Herr Geheimrat, was darf's denn heute sein? Kognak, Rotwein oder Kümmel?« wie aus der Pistole geschossen antwortete: »Genau in der Reihenfolge!«

Wer an schönen Tagen im Straßengarten vorm Restaurant (30 Plätze) unter dem haushohen Nußbaum einkehrt, hat eines der ältesten Zeugnisse der Stadtgründung Berlins direkt vor Augen: die Nikolaikirche, um 1230 als spätromanische Basilika errichtet, im 14./15. Jahrhundert dann zur spätgotischen Hallenkirche mit dem markanten spitzen Doppelturm umgebaut. Die noch zu DDR-Zeiten auf dem originalen Feldsteinunterbau wieder errichtete Kirche ist Museum und beherbergt eine Ausstellung zur Geschichte Berlins von den Anfängen bis zum Mittelalter. Überhaupt ist der Nußbaum so etwas wie ein Dreh- und Angelpunkt für den Besuch eines der schönsten alten Stadtviertel Berlins. Dabei hat es erst knapp drei Jahrzehnte auf dem Buckel – vereint aber in seinen Mauern neben der Kirche als seinem Wahrzeichnen ein ganzes Ensemble historischer, jahrhundertealter Gebäude, teils am ursprünglichen Ort restauriert, teils von anderswo nach hier umgesetzt und nachgebaut. Aus einer Trümmerwüste entstand das Nikolaiviertel in den letzten DDR-Jahren zur 750-Jahr-Feier Berlins. Zum Nussbaum gesellt sich ein ganzes Ensemble unverwechselbarer historischer Einkehrstätten – seien es die Historischen Weinstuben im Knoblauchhaus, die Gerichtslaube oder die Gastwirtschaft Mutter Hoppe, die nach einer legendären Berliner Schankwirtin benannt wurde. Diese hatte immer ein Herz für die Bedürftigen.

Zum Nußbaum
Am Nußbaum 3
10178 Berlin
☎ / ✉ 030/242 30 95
🕓 täglich ab 12.00 Uhr
Inhaberin: Ute Karpinske

Zur letzten Instanz

Drastischer Berliner Humor – Herz mit Schnauze – gibt dieser alten Berliner Gaststätte ihr unverwechselbares Flair. Der Gast schmunzelt oder lacht hell los, wenn er die Speisekarte liest und entdeckt, dass sich hinter »Justizirrtum« ein Berliner Rinderschmorbraten mit Klößen und Rotkohl oder hinter »Beleidigungsklage« Matjesfilet nach Hausfrauenart mit Röstkartoffeln verbirgt. Vielleicht lässt er sich auch zu einer »Zeugenaussage« – sprich Berliner Eisbein mit Sauerkraut, Erbspüree und Kartoffeln – verführen oder bei einer Alt-Berliner Schlachteplatte mit Sauerkraut und Kartoffeln ins »Kreuz-Verhör« nehmen. Bei solch launiger Speisekarte und einer bald 400-jährigen Geschichte ist es wohl nicht übertrieben zu sagen: Wer nie in der Letzten Instanz war, der kennt Berlin nicht.

Bis ins Jahr 1621 reicht die Geschichte des Lokals zurück. Damals hatte ein ehemaliger Reitknecht des Kurfürsten hier eine Branntweinstube eröffnete. Bis zur vorigen Jahrhundertwende kannte man das Restaurant noch unter dem Namen Biedermeierstübchen am Glockenspiel. Mit dem Bau des Gerichtsgebäudes in der Littenstraße erhielt es in den Folgejahren, sozusagen ganz unfreiwillig, seinen heutigen Namen. Zwei Bauern, so wird berichtet, sollen einen langwierigen und erfolglosen Prozess geführt haben, den sie schließlich »in letzter Instanz« mit einer feuchtfröhlichen Zecherei in der urigen Destille beilegten. Andere Streitpartner wiederum sollen sich bereits vorher hier »am Tresen« gütlich geeinigt und auf den Gang zum Richter verzichtet haben.

Mit berechtigtem Stolz verweist der Inhaber des Lokals, Rainer Sperling, auf eine ganze Schar berühmter Persönlichkeiten – Künstler, Schriftsteller,

Historischer Majolika-Kachelofen im Schankraum.

Politiker und Unternehmern, die in der Letzten Instanz zu Gast waren. Heinrich Zille trank hier seine Molle, Wilhelm Raabe brütete über seiner »Chronik der Sperlingsgasse« und Maxim Gorki genoss oft die gemütliche Atmosphäre des Wirtshauses. Selbst Napoleon soll schon einmal im Schankraum am Stammtisch vor dem alten Majolika-Kachelofen gesessen haben. Waren es vor einigen Jahren noch die Staatspräsidenten Vaclav Havel oder Jacques Chirac, die sich hier trafen, so ist das Restaurant Zur letzten Instanz bis heute ein wichtiger Treff für ausländische Besucher und honorige Persönlichkeiten, für Künstler und Schriftsteller.

Meist ist die Letzte Instanz knüppeldicke voll. Mit ihren fünf gemütlichen Gasträumen (100 Plätze) und ihrem im Sommer geöffneten Biergarten (40 Plätze) ist sie eine gefragte Adresse für die Berliner und ihre Gäste. Ihren Namen findet man in internationalen Reisebüros und Reiseführern; sie hat Partner in New York und Paris, in japanischen, skandinavischen und italienischen Städten. Sie bietet dem Tagesgast, der Reisegruppe oder der Runde von Geschäftsfreunden eine stimmungs- und genussvolle Bleibe, stellt den Gourmet ebenso zufrieden wie den Küchenenthusiasten mit Spezialitäten aus alten Kochbüchern, die kleine und große Gesellschaft mit einem zünftigen »Stralauer Fisch-« oder einem »Berliner Schlachter-Bufett«.

Der Küchenchef André Sperling versteht sein Handwerk, hat sich seine Meriten bei Kempinski und in Spezialitätengaststätten erworben. So ist die Letzte Instanz längst zu einer »ersten Instanz« hauptstädtischer Gastkultur geworden. Zu ihrer Visitenkarte gehört auch, dass sie sich buchstäblich im Herzen Berlins befindet, unmittelbar hinter den Überresten der zwischen 1260 und 1280 aus Feldsteinen errichteten Stadtmauer, unweit des Roten Rathauses und des Alexanderplatzes, in direkter Nachbarschaft solch altehrwürdiger Gebäuden wie der Parochialkirche oder dem Alten Stadthaus.

Die im ersten Stock gelegenen Gasträume.

Zur letzten Instanz
Waisenstraße 14–16
10179 Berlin
☎ 030/242 55 28
030/242 68 91
www.zurletzteninstanz.de
post@zurletzteninstanz.de
Montag bis Sonnabend 12.00 bis 1.00 Uhr
Sonntag 12.00 bis 23.00 Uhr
Inhaber: Rainer Sperling

Kellerrestaurant Brecht-Haus

Er wollte seinem Theater am Schiffbauerdamm ein Stück näher sein. So zog er aus seiner Villa am Weißen See in das Hinterhofgebäude der Chausseestraße 125. Seinem Verleger Suhrkamp schrieb er: »Ich wohne jetzt in der Chausseestraße, neben dem ›französischen‹ Friedhof, auf dem Hugenottengeneräle und Hegel und Fichte liegen-... Seit ich dem Theater so viel näher wohne, habe ich meine jungen Leute natürlich noch öfter auf dem Hals, sie kommen in Rabenschwärmen, aber Sie wissen, ich bin dafür.« Hier lebten und arbeiteten Bertolt Brecht von Oktober 1953 bis zu seinem frühen Tode im August 1956, seine Frau und großherzige Lebensgefährtin, die Schauspielerin und Theaterleiterin Helene Weigel bis 1971. Hier schuf der Dramatiker, Lyriker und scharfsinnige Zeitanalytiker manche seiner berühmten Werke – Theaterstücke und Regiekonzepte, aber auch Gedichte, Prosa und Aufsätze zu politischen Themen der Zeit. Die Räume boten günstige Schaffensbedingungen, so sein Arbeitszimmer, eine frühere grafische Werkstatt, »etwa neun Meter im Geviert, so dass ich für verschiedene Arbeiten mehrere Tische aufstellen kann«. Und mit Augenzwinkern gestand er seinem Verleger: »Es ist wirklich ratsam, in Häusern und mit Möbeln zu wohnen, die zumindest 120 Jahre alt sind, also in früherer kapitalistischer Umgebung, bis man eine spätere sozialistische haben wird ...«

1978 – anlässlich des 80. Geburtstages von BB – wurde das Wohnhaus unter dem Patronat der Akademie der Künste der DDR als Brecht-Weigel-Gedenkstätte eröffnet – mit Brecht-Zentrum, Brecht-Archiv und dem Kellerrestaurant (35 Plätze). Dieses ist stilvoll ausgestattet mit Requisiten, Bühnenmobiliar und Dekorationen aus dem Fundus des Berliner Ensembles. Alles ist

Das kleine Tonnengewölbe aus der Zeit der Hausgründung von 1847.

Kellerrestaurant mit Requisiten aus dem Fundus des Berliner Ensembles.

Durch den Hofgarten gelangt man zur Brecht-Weigel Gedenkstätte.

echt und ursprünglich – die Troddel-Messinglampen aus dem Rotlichtmilieu der 20er Jahre oder der »Hirsch«, ein originales Plüschsofa aus einer Brecht-Inszenierungen, die fünfeckigen Tische aus dem Bestand von Kneipenmöbeln der vorigen Jahrhundertwende oder die Guckkästen von Karl von Appen mit Bühnenbildern von Brecht-Stücken. Das angrenzende kleine Tonnengewölbe (15 Plätze) aus der Zeit der Hausgründung von 1847 ist der rechte Ort für ein trautes Zusammensein unter guten Freunden, der malerische Hofgarten unter hohen alten Kastanienbäumen (60 Plätze) ist ein Raum naturhafter Stille, begrenzt von der Eingangsmauer zum Dorotheenstädtischen Friedhof, auf dem Bertolt Brecht und Helene Weigel bestattet sind.

Es wäre womöglich so etwas wie »Ketzerei«, wenn nicht auch das Speisenangebot den Vorlieben seiner früheren Bewohner folgen würde. Zumal »Heli«, wie sie liebevoll von ihren Theaterkollegen genannt wurde, eine vorzügliche und passionierte Köchin war. Ihre wienerische Herkunft, die Geburtsregion Augsburg von Brecht und das 15-jährige Exil beider, in dem die Not oft zum Improvisieren zwang, prägen die traditonsreiche und zugleich kreative Küche des Hauses. »Wiener Geschichten« sind dabei die Nummer 1 – mit Tafelspitz und Paradeisersuppe (feine Tomatensuppe mit Speck), Fleischlaberln mit hausgefertigten Speckknödeln, »Helis Krautspätzle« mit Speckgrammeln und natürlich Kaiserschmarren, Salzburger Nockerln und Topfenpalatschinken. Ein Monatskalender enthält saisonale Offerten – ob Osterlamm oder Frühlingsgemüse, Spargel oder Maischolle – wie auch »Koch- und Backversuche« in der Weigel'schen Art: mit Marillen (Aprikosen) und Ribisel (Johannisbeeren), hausgemachten Gemüsekuchen oder Eierschwammerln. 130 Weine, international gut sortiert, und heimische Berliner Biere runden das Menü trefflich ab. Selbst bei Tische bestickt das Individuelle, passend zum jeweiligen Gericht – ob originales Zwiebelmustergedeck oder Geschirr aus Meißner Porzellan.

Kellerrestaurant Brecht-Haus
Chausseestraße 125
10115 Berlin
☎ / 📠 030/282 38 43
💻 www.brechtkeller.de
🕓 täglich ab 18.00 Uhr
Gartenrestaurant im Sommer ab 12.00 Uhr
Inhaber: Steffen Menzel

Brecht-Weigel-Gedenkstätte
☎ 030/200 57 18 44
🕓 Führungen:
Dienstag bis Freitag 10.00 bis 12.00 Uhr
Donnerstag 17.00 bis 19.00 Uhr
Samstag 9.30 bis 14.00 Uhr
Sonntag 11.00 bis 18.00 Uhr

KADIMA Restaurant

Unschwer auszumachen ist das gastliche Haus KADIMA – der Besucher braucht sich nur an der goldglänzenden Kuppel der Neuen Synagoge in der Oranienburger Straße zu orientieren, die die Mitte des alten Berlins überragt. 1866 im maurischen Stil nach Plänen Knoblauchs und Stülers errichtet, gilt sie als das größte und schönste jüdische Gotteshaus Deutschlands. Von den Nazis in der Reichspogromnacht 1938 geschändet, dann von Bomben schwer getroffen, ist es in den Jahren 1988 bis 1995 in alter Schönheit wiederauferstanden. Mit dem Centrum Judaicum und der Dauerausstellung »Tuet auf die Pforten« kündet es von jahrhundertealter deutsch-jüdischer Geschichte, einer die Epochen überdauernden Schicksalsgemeinschaft.

In direkter Nachbarschaft nun das jüdisch-russische KADIMA Restaurant (hebräisch »Vorwärts«). Ein sinnvoller Verbund allemal – waren doch Synagogen schon zu allen Zeiten Zentren religiösen wie auch gesellschaftlichen Lebens. Hier wurde nicht nur gebetet und gelehrt, hier wurden auch Hochzeiten gefeiert und Festmahle genossen. Im KADIMA wird überlieferte jüdische Ess- und Trinkkultur gepflegt, bodenständige jüdische und moderne israelische Küche ebenso wie russische Kreationen, letztere als Referenz an die vielen jüdischen Immigranten, die nach der Wende aus der einstigen Sowjetunion nach Deutschland gekommen sind und das Leben der heutigen Jüdischen Gemeinde von Berlin mit ihren über 11 000 Mitgliedern befördert haben.

Vielfach wird, wenn von jüdischer Küche die Rede ist, der Begriff »koscher« gebraucht als eine Art Qualitätssiegel, das tief im jüdischen Glauben

Dem Maler Lesser Ury ist einer der 25 Gästetische gewidmet.

verwurzelt ist. Seit Jahrhunderten wird in über 30 Regeln vorgeschrieben, was und wie gegessen und getrunken wird. Wenngleich im alltäglichen Leben hier und dort von der einen oder anderen Regel abgewichen werden mag – eines gilt überall als heilig und unantastbar: die Reinheit der Speisen und Getränke. Aus dem Hebräischen »Kaschrut« (auf deutsch »einwandfrei«) entlehnt, werden nur naturgegebene reine Erzeugnisse, ohne künstliche Zusätze verwendet – gleichsam die höchste Stufe der uns heute geläufigen Bio-Produkte. Das meint auch der Küchenchef vom KADIMA Restaurant, wenn er von »kosher style« spricht – sei es bei gefiltem Fisch, traditionell zubereitet mit marinierter Roter Bete, Tzimmes, einem Karotten-Kartoffelgemüse, und Rote-Bete-Meerrettich, sei es bei der geschmorten Lammkeule, dem gefüllten Kalbsbraten oder kulinarischen Ritualen, die aus der Geschichte überliefert sind, so dem Fest der Mazzot, der ungesäuerten Brote, zum alljährlichen Pessach-Fest. Es erinnert an den Auszug der Juden unter Moses aus der ägyptischen Gefangenschaft; die Flucht ließ keine Zeit mehr zur Bereitung des sonst üblichen Sauerteiges.

Einkehr im KADIMA Restaurant bedeutet kulturelles und kulinarisches Erleben.

Eine Einkehr im KADIMA Restaurant (80 Plätze) mit Wandmalereien, liebevoll ornamentierten Stuckelementen und Lüstern, im Sommer auch im Hofgarten (50 Plätze) ist allzeit ein kulinarisches und kulturelles Erlebnis. Die Gäste nehmen an einem der 25 Tische Platz und werden hier jeweils von einer berühmten jüdischen Persönlichkeit willkommen geheißen: von Heinrich Heine, Marc Chagall oder Billy Wilder, Max Liebermann, Rahel Varnhagen oder Kurt Tucholsky, Albert Einstein, Moses Mendelssohn oder Elisabeth Bergner. Natürlich bildlich nur, als kunstvolle Collagen unter den Tisch-Glasplatten, die Auskunft geben über Leben und Wirken jüdischer Geistesgrößen, die die deutsche Kultur und Geschichte maßgeblich geprägt haben. Kleine Messingschilder weisen auf »Tischpaten« hin, heutige Künstler, Schauspieler und Politiker, die sich dem Leben ihrer großen Vorbilder verpflichtet wissen: von Volker Schlöndorff, Lea Rosh, Reinhard Mey bis zu Heide Simonis und Antje Vollmer. Im KADIMA Salon halten sie mit Lesungen, Filmen und Musik die Erinnerung an ihre jüdischen »Schützlinge« wach. Selbst deren genießerische Vorlieben werden nicht vergessen und in die Speisen der jeweiligen Veranstaltung einbezogen – seien es nun die Nudelgerichte der seligen Rahel Varnhagen von Ense, die vor über 200 Jahren einen der ersten Salons in Berlin begründete, oder der bei Albert Einstein so beliebte Erdbeerschaum.

Jüdische Restaurants bereichern die Gastkultur der deutschen Metropole um jahrhundertealte Ess- und Trinkgewohnheiten. Auf sympathisch-genussvolle Weise belegen sie im »Kleinen«, was Deutschlands Metropole im »Großen« mit ihren Erinnerungs- und Gedenkstätten täglich ins Bewusstsein rückt: die Tatsache, dass jüdisches Leben und jüdische Kultur in Berlin seit aberhundert Jahren allgegenwärtig war und ist. Davon zeugen neben der wiedererstandenen Neuen Synagoge das Jüdische Museum im Bezirk Kreuzberg, das mit einzigartigen historischen Zeugnissen zwei Jahrtausende deutsch-jüdischer Geschichte dokumentiert, sowie Friedhöfe und Denkmäler, Schulen und Sozialeinrichtungen. Das 2005 eröffnete Holocaust-Memorial in unmittelbarer Nähe des Brandenburger Tores erinnert an die Millionen Opfer des nationalsozialistischen Rassenwahns und ist ein Schwur an die ganze zivilisierte Menschheit, Antisemitismus und Völkermord auf ewig zu ächten.

KADIMA Restaurant
Oranienburger Straße 28
10117 Berlin
☎ 030/275 94 251
030/275 94 253
www.kadima-restaurant.com
info@kadima-restaurant.com
täglich 12.00 Uhr bis 24.00 Uhr
Geschäftsführer: Lary Gelerman

Chamäleon in den Hackeschen Höfen

Sie sind die »kleine Stadt« in der Großstadt Berlin – die Hackeschen Höfe. Eine einzigartige Mischung aus Gewerbe, Wohnen und Kultur charakterisiert den größten zusammenhängenden Hofkomplex Europas. Entstanden in den Jahren 1906 bis 1907, bezaubern die acht Höfe durch das Labyrinth ihrer verschlungenen Passagen und Plätze, die Gebäude im Jugendstilambiente – mit üppiger Ornamentik, farb-glasierten Fassaden und hohen Fensterfronten. Den Namen führen die Höfe auf den einstigen Berliner Stadtkommandanten Graf von Hacke zurück, der um 1750 die Sümpfe vorm »Spandauer Thore« trocken- und hier einen Marktplatz mit Nebenstraßen anlegen ließ: den Hackeschen Markt. Nach der Wende in alter Schönheit wiederauferstanden, ziehen die Hackeschen Höfe heute Besucher aus aller Welt in ihren Bann. Diese nutzen gern das Angebot der vielen kleinen Läden, Boutiquen und Galerien, erfreuen sich an kulturellen Darbietungen und kulinarischen Genüssen.

Ganz oben in der Publikumsgunst steht das Chamäleon im ersten Hof. Buntschillernd und verwandlungsfähig wie sein Namensgeber begeistert es allabendlich seine Gäste mit einer bunten Show von Comedy und Luftakrobatik, Jonglage und Artistik, Musik und Gesang; entführt es sie in eine Welt parodistischer Höhenflüge und absurden Humors. Hier wird »große Kleinkunst« geboten; nicht als herkömmliches Nummernprogramm, sondern als Varieté, dramaturgisch verwoben in einen Handlungsablauf. Bis zu 320 Besucher finden an den kleinen runden Bistro-Tischen Platz. Nach dem Vorbild englischer und französischer »Verzehrtheater« können sie hier während der Vorstellung ihren Schoppen Wein genießen oder einen schmackhaften Happen, einen Snack oder ein kurzes Gericht bis zum »Süßen Finale«, einem köstlichen Dessert, zu sich

Bunt und schillernd wie sein Name: das »Chamäleon« in den Hackeschen Höfen.

nehmen. Salto mortale überm Salat- und Tapas-Teller. Hier im Chamäleon verbindet sich kulinarischer und künstlicher Genuss zu einem vergnüglichen Mix, der Leib und Seele stärkt. Gala- und andere Veranstaltungen werden je nach geschmacklichen Vorlieben kulinarisch begleitet. Auch ist das Chamäleon ein gefragter Ort für so manche ganz persönliche Feier, für abendliche Partys, Empfänge und gesellige Veranstaltungen bei bester gastronomischer Betreuung.

Besonders anziehend wirkt die ganze Atmosphäre des schönen historischen Jugendstil-Ballsaals mit seiner reichen Ornamentik von August Endell, einem berühmten Architekten der vorletzten Jahrhundertwende, der maßgeblich an der Gestaltung der Hackeschen Höfe und besonders seiner Vergnügungsstätten mitgewirkt hat. So auch an den Neumannschen Festsälen, den Vorgängern vom Chamäleon. Sie waren jahrzehntelang beliebter Ort für Tanz, Konzerte und Lesungen; später wurden sie für Kinoveranstaltungen, in den DDR-Jahren für Fernseh- und Tanzproben genutzt. Am 16. Februar 1991 eröffnet, brilliert das Chamäleon mit seinem wechselvollen »Farbspiel« erst anderthalb Jahrzehnt. Gleichwohl ist es mittlerweile bereits zu einer Institution geworden, die den Hackeschen Höfen eine besonders sympathische Facette verleiht und dabei zugleich deren kulturelle Tradition hoch hält.

Der einstige Jugendstil-Ballsaal – heute Ort kulturellen und kulinarischen Vergnügens.

Facettenreich und bunt ist auch die gastronomische Szene in den »Höfen«. Sie bietet Kulinarisches für jeden Geschmack, für jeden Anlass und an jedem Tag. Anziehend und »wandlungsfähig« zum Beispiel das »Oxymoron« – tagsüber Restaurant und Café mit Kerzenlüstern, Leder- und Samtsofas, nachts ein Club mit Bar. Auch das Restaurant »Hackescher Hof«, das im übrigen für Besucher von Chamäleon-Veranstaltungen spezielle Menüs vorher bereit hält, und das »Café Aedes« erfreuen sich beim Tagesbesucher großer Beliebtheit. Überhaupt beherbergt das ganze Umfeld eine bunte Ansammlung von Gaststätten und Szenetreffs.

Wer die Hackeschen Höfe zwischen Rosenthaler und Sophienstraße durchstreift, absolviert dabei auch eine höchst interessante und erlebnisreiche Geschichtsmeile. War doch die Spandauer Vorstadt ein Schmelztiegel von Immigranten mit verschiedenen Kulturen und Religionen. Davon zeugen die protestantische Sophienkirche von 1712 als erste Pfarrkirche der Spandauer Vorstadt mit einem historischen Friedhof wie auch das katholische St. Hedwigs-Krankenhaus.

Besonders jüdische Zuwanderer aus dem Osten machten das Viertel berühmt mit ihrer Kultur und ihren Bauten, so der prachtvollen Synagoge mit der weithin sichtbaren Goldkuppel im maurischen Stil in der Oranienburger Straße. Was nationalsozialistischer Rassenwahn nahezu vollständig auslöschte, hat heute glücklicherweise Renaissance – mit dem Wiederaufbau des »Centrum Judaicum« und dem Gemeindezentrum der orthodoxen israelitischen Synagogengemeinde Adass Jisroel, mit jüdischen Gaststätten, mit Gedenkstätten und Denkmalen, die einstiges jüdisches Leben wachhalten. So erinnert am Eingang zu den Hackeschen Höfen eine Tafel an den im KZ umgebrachten Mitbegründer des Expressionistischen Neuen Clubs, der hier am 8. November 1909 aus der Taufe gehoben wurde: Jakob van Hoddis. Seine Worte klingen wie eine ewige Mahnung: »Ich habe am Wannsee Rosen gepflückt und weiß nicht, wem ich sie schenken soll.«

Chamäleon in den Hackeschen Höfen
Rosenthaler Straße 40/41
10178 Berlin
☎ 030/40 00 59 30
Fax 030/40 00 59 33
www.chamaeleonberlin.com
info@chamaeleonberlin.com
Showzeiten und Veranstaltungen: nach Spielplan, in der Regel Dienstag bis Freitag ab 20.00 Uhr
Sonnabend 19.00 Uhr und 22.00 Uhr
Sonntag ab 19.00 Uhr
Montag geschlossen
Inhaber: Chamäleon Theater GmbH
Geschäftsführer: Volker Brümmer

Clärchens Ballhaus

Das Tanzlokal in der Auguststraße in Berlin-Mitte ist eine Legende. Hier vergnügte sich jahrzehntelang arm und reich. Im unteren Saal schwofte das »gemeine Volk« zu Gassenhauern, folgten die einsamen Mädchenherzen der flotten Aufforderung »Frollein, wolln'se linksrum tanzen«. Oben, im Spiegelsaal mit wilhelminischem Prunk, gaben sich die Vornehmen in teurer Abendgarderobe bei Sekt und Kaviar ein Stelldichein. Hierhin zog es schon Franz Biberkopf in Alfred Döblins Roman »Berlin-Alexanderplatz« – sogar nach dem Verlust seines Arms. Zu seinem Freund Meck sagte die Romanfigur: »Komm mal rin, kuck mal zu, wie ick mit einem Arm tanze.« Gleich neben der Theke hatte Heinrich Zille seinen Stammplatz, und Otto Dix malte die Werbeplakate für das Haus. Der Überlieferung nach soll das Etablissement vom Mundschenk Kaiser Wilhelms II. gegründet worden sein. Urkundlich verbürgt allerdings ist es erst seit 1913 als »Bühlers Ballhaus«. Die Witwe des im ersten Weltkrieg gefallenen Wirts – Clara Habermann – führte das Lokal bis 1967 so erfolgreich weiter, dass es für immer als »Clärchens Ballhaus« in die Berliner Gastkultur eingegangen ist. In dem Namen schwang zugleich so etwas wie eine Liebeserklärung der Berliner an das populäre Tanzlokal mit. Selbst der leicht morbide äußere Charme des im Zweiten Weltkrieg schwer beschädigten Gebäudes tat dem Elan der tanzfreudigen Gäste keinen Abbruch. So ging das all die Zeit bis über die DDR-Jahre, Clärchen führte das Lokal bis 1967. In den darauf folgenden Jahren führten ihre Nachkommen das Zepter und gaben es schließlich, wohl aus finanziellen Gründen, in jüngere Hände weiter.

Seit März 2005 herrscht wieder – getreu dem Plakat von Otto Dix aus den zwanziger Jahren – »Hochbetrieb« in Clärchens Ballhaus. Die beiden engagierten jungen Gastronomen David Regehr und Christian Schulz haben sich

Clärchens Ballhaus – Renaissance einer gastlichen Legende.

der Renaissance des legendären Ballhauses verschrieben, den nostalgischen Charme des Tanzlokals bewahrt und ideenreich die alte Ballhauskultur im Herzen Berlins wieder aufleben lassen. Täglich wird hier »unten« – im Großen Saal – ab 10.00 Uhr »bis in die Puppen« das Tanzbein geschwungen: ob beim Walzer oder argentinischen Tango, Swing oder Cha-Cha-Cha, Charleston oder Rock'n' Roll (250 Plätze). Im darüber gelegenen, original erhaltenen Spiegelsaal finden Tanzkurse für Anfänger und Fortgeschrittene statt. Und jeden Sonntagnachmittag wird beim Tanztee eher der gemütlich-familiäre Part gepflegt.

Wie in alten Zeiten wird natürlich auch für das leibliche Wohl gut gesorgt; kommen Kehle und Gaumen voll auf ihre Kosten. Eine deftige deutsche und Berliner Küche ist Trumpf – von Kohlroulade über Berliner Leber und Pökeleisbein bis zu geschmorten Rippchen auf Biersoße. Stets gefragt für den schnellen Hunger und den eher mediterranen Geschmack ist eine leckere neapolitanische Steinofenpizza. Und auch die Getränkekarte lässt bei all den schweißtreibenden Übungen kaum einen Wunsch offen: von der frisch gezapften Molle über Sekt und Weine in großer Vielfalt bis zum erlesenen Cocktail.

Einer allein macht keinen Tanz, sagt der Volksmund. Und Knigge weiß es noch besser: »Der Tanz gibt uns eine Art von Rausch, in welchem die Gemüter die Verstellung vergessen.« Gute Gründe gewiss, dass es in Clärchens Ballhaus noch viele Jahre und Jahrzehnte heißen möge: »Darf ich bitten.«

In Clärchens Ballhaus wird wieder wie in alten Zeiten das Tanzbein geschwungen.

Clärchens Ballhaus
Auguststraße 24
10117 Berlin
☎ 030/28 29 295
030/30 64 22 69
www.ballhaus.de
claerchen@ballhaus.de
täglich ab 10.00 Uhr
Tanzkurse nach Programm in beiden Sälen mehrmals die Woche, darüber hinaus Bälle, Konzerte und weitere Veranstaltungen
Betreiber: David Regehr und Christian Schulz

Funkturm-Restaurant und Telecafé

Funk- und Fernsehturm unter den Historischen Gasthöfen?, so mag sich ein mancher fragen. Ja, ist die Antwort, denn beide sind echte Berliner Klassiker, wenn auch mit ihrem Ursprung erst im 20. Jahrhundert noch vergleichsweise jung. Berlin lädt seine Besucher gleich an zwei »Höhen-Restaurants«: ins Funkturm-Restaurant auf dem Messegelände in 55 Metern Höhe und ins Telecafé im Fernsehturm am Alexanderplatz, wo es in der Silberkugel bis über 200 Meter hoch hinauf geht. Beide Turmgaststätten sind millionenfach gefragt – im Sommer wie auch im Winter. Hier erlebt der Besucher eine gastronomische Rundreise in alle Himmelsrichtungen. Er hat dabei die 3,4-Millionen-Metropole gleichsam »auf einen Blick« zu seinen Füßen oder schaut über sie hinweg, bei schönem Wetter bis zu 40 Kilometern weit. So manches Liebespaar wähnt sich beim Hochzeitsbankett in luftigen Höhen – gar schon im siebten Himmel.

Dabei hat jedes der beiden »Höhen-Restaurants« seine eigene, unverwechselbare Geschichte: »Langer Lulatsch« der eine und »Telespargel« der andere. Beginnen wir mit dem 150 Meter hohen Turm-Senior. In dreijähriger Bauzeit errichtet und 1926 anlässlich der 3. Deutschen Funkausstellung eingeweiht, spielte der Funkturm von Anfang an eine wichtige Rolle in der deutschen Rundfunk- und Fernsehgeschichte. 1929 wurde von hier das erste Fernsehbild der Welt ausgestrahlt. Bis in die 1960er Jahre diente er als Sendemast der Berliner Rundfunkanstalten im damaligen Westteil der Stadt.

Von Anfang an war der Funkturm auch wegen seiner gastlichen Vorzüge ein Besuchermagnet. Das quadratische Restaurant mit seinen 116 Fensterplätzen und der warmen Holztäfelung aus den Gründerjahren, mit Champagner-Bar und offener Küche ist allzeit gefragter Einkehr- und Erlebnisort für jung

Im Funkturm-Restaurant erlebt der Gast die Vorzüge internationaler Küche.

Das Telecafé in 207 Metern Höhe.

und alt. Gern wird auch die Funkturm-Lounge am Fuße des Turms – zeitweilig war hier das Deutsche Rundfunkmuseum untergebracht – für Familien- und Firmenfeiern, Präsentationen und Tagungen genutzt (20 bis 200 Plätze). Stets wohltuend für Leib und Seele: das gastronomische Angebot. Hochgenuss gepaart mit schöner Aussicht – wer könnte dem wohl widerstehen. Noch dazu, wenn sich zu schmackhafter Berliner und deutscher Küche ein monatlich wechselndes Gourmet-Buffet gesellt: mal Bayrisches vom Oktoberfest, mal ein gastronomischer Inselreigen von Norderney bis Rügen, mal wird der Besucher in die gastlichen Gefilde von Bella Italia und mal auch nach Südamerika entführt. Und lange vorher bis zum letzten Platz ausgebucht sind die Funkturmrestaurants während solch bedeutender internationaler Ereignisse auf dem Messegelände, wie der jährlichen Grünen Woche im Januar, der größter Nahrungs-, Landwirtschafts- und Gartenbauausstellung Europas mit jeweils über einer halben Million Besuchern, oder der alle zwei Jahre Ende August stattfindenden Internationalen Funkausstellung – einer Medienshow der Superlative.

Der Turm-Junior – der Fernsehturm am Alexanderplatz – ist eine ganze Generation jünger als sein Gegenstück und ein »Kind« des gespaltenen Nachkriegs-Berlins. Ganz hoch hinaus wollte die DDR am Vorabend ihres 20. Jahrestages 1969 und wohl auch ganz tief hinein ins historische Herz der geteilten Stadt: Ein sichtbares Zeichen ihrer Präsens gegenüber dem Westen sollte entstehen. Fraglos ist der Berliner Fernsehturm im Vergleich zu allen anderen Türmen weltweit am dichtesten im Zentrum einer Stadt angesiedelt und eine technische Meisterleistung. Mit 368 Metern Höhe ist er nach Moskau/Ostankino der zweithöchste Fernsehturm Europas und der höchste innerhalb der Europäischen Union. Er dient wie zum Zeitpunkt seiner Errichtung als Zentrale für die TV- und Radioübertragung im Berliner Raum. Täglich fahren, fast kann man sagen »fliegen« die Besucher in nur 40 Sekunden – ähnlich schnell wie im Funkturm – vom Sockel 203 Meter hoch hinauf bis in die Aussichtsetage

Charlottenburg
vom Feinsten
Made in Berlin
BERLINER Pilsner
BERLINER Pilsner
MADE IN BERLIN
BERLINER
Pilsner
FEINHERB & SPRITZIG
PREMIUM PILSNER

Die Weltzeituhr am Alexanderplatz zeigt weltweit was die Stunde geschlagen hat.

Funkturm-Restaurant
Messedamm 22
14055 Berlin
☎ 030/30 38 29 00
📠 030/30 38 19 97
www.funkturmrestaurant.de
funkturm@capital-catering.de
Restaurant
Mittwoch bis Sonntag 11.30 Uhr bis 23.00 Uhr
Dienstag 18.00 Uhr bis 23.00 Uhr
Montag Ruhetag/Öffnung nach Vereinbarung
Funkturm-Lounge am Fuße
nach Bestellung und Vereinbarung
Inhaber: Capital Catering GmbH
Restaurantleiter: Heiko Falkner

Telecafé/Restaurant im Fernsehturm
Panoramastraße 1 A/Alexanderplatz
10178 Berlin
☎ 030/242 33 33 (Servicebüro)
📠 030/242 59 22
www.berlinerfernsehturm.de
info@berlinerfernsehturm.de
März bis Oktober 9.00 Uhr bis 24.00 Uhr
November bis Februar 10.00 Uhr bis 24.00 Uhr
Inhaber: TV Turm Alexanderplatz Gastronomiegesellschaft mbH

mit Panoramabar. Ein Stockwerk höher dann (207 Meter) das Turmrestaurant (200 Plätze). Die Tische sind auf einem Drehring fest montiert, der sich in 30 oder 60 Minuten entlang der Fensterfront bewegt. In vollen Zügen genießen kann der Besucher die Gastlichkeit des Hauses – sei es bei phantasievollen Kaffee- und Schokoladenspezialitäten, Kuchen, Torten und Törtchen oder verführerischen Eisvariationen. Die Speisekarte spannt den Bogen von original berlinisch bis international, von der Berliner Kartoffelsuppe bis zum Galabuffet für Feinschmecker – ganz nach Wunsch, Anlass und Ereignis, private Feste ebenso wie Firmenjubiläen, Empfänge und Bankette. Der Veranstaltungskalender bietet Highlights vom »Theater im Turm« über Spargel- und Neujahrsbrunch bis hin zum »Himmels-Frühstück« zur Sommersonnenwende am 23. Juni ab 4.00 Uhr morgens.

Wieder Boden unter den Füßen, kann der Gast sein vielleicht über den Wolken ausgespähtes Hauptstadtziel besser orientiert erreichen. Doch gemach – so einfach lassen ihn Turm und Umgebung nicht los. Allein die Pavillons rund um den Turmschaft, die mit ihren auf- und niedergefalteten Dächern an schlagende Flügel erinnern, sind einen Rundgang wert. In der kleinen Parkanlage mit dem prächtigen Neptunbrunnen von Reinhold Begas, einer der herausragenden Bildhauer der Kaiserzeit, ist gut Verweilen. Gleich um die Ecke dann der Alexanderplatz mit seinen Kaufhäusern und Ladenpassagen und dem Hochhaushotel, mit Weltzeituhr und Brunnen der Völkerfreundschaft. Nur ein paar Schritte weiter sind es bis zur altehrwürdigen St. Marienkirche aus dem 13. Jahrhundert, dem pittoresken Roten Rathaus im Neorenaissance-Stil mit rotem Backsteingewand oder dem wieder aufgebauten historischen Nikolaiviertel.

Zollpackhof

Das Haus diente über Jahre und Jahrzehnte in erster Linie ganz nüchternen, fiskalisch-wirtschaftlichen Zwecken. Am Nordufer der Spree gelegen, war es Warenumschlag- und -lagerplatz, Spiritushof, Standort für Speditionsunternehmen und natürlich königlich-preußische Einnahmestelle für klingende Münze, die den Händlern nicht zu knapp abgenommen wurde. Noch bis zur Wendezeit gehörte das Packhofgelände der Zollverwaltung.

Doch was wohl die wenigstens wissen dürften – hier befand sich auch eines der ältesten und traditionsreichsten Ausflugslokale der Hauptstadt: die »Menardie«. Vor über 300 Jahren – 1698 – gründete hier der Franzose Menard eine Gastwirtschaft mit Garten. Er zählte zu den 20 000 Hugenotten, die in Frank-reich wegen ihres Glaubens verfolgt wurden und die im damaligen Preußen eine neue Heimat fanden. Das Edikt von Potsdam 1685 unter Kurfürst Friedrich Wilhelm sicherte ihnen religiöse Toleranz, finanzielle Starthilfe, eine 15-jährige Abgabefreiheit und volle Integration in die Gesellschaft zu. So erhielt Monsieur Menard zunächst ein Gelände zum Weinanbau, der ihm aber zu wenig einbrachte. Lukrativer war dann sein Gartenlokal, unter hohen Bäumen am Wasser gelegen, das bald zum beliebten Ausflugsort für die hier lebenden Hugenotten und die feine Berliner Gesellschaft wurde.

Im Jahr 2005 kam dann die gastronomische Renaissance des denkmalgeschützten Ensembles. Mit dem Um- und Ausbau des ehemaligen Casinos, eines über 150 Jahre alten malerischen Gebäudes, ist ein Restaurant entstanden, das sich bei den Berlinern und ihren Besuchern inzwischen großer Beliebtheit erfreut. Der Geist von Menard ist zu seinen Ursprüngen zurückgekehrt. Entstanden ist ein Ort der Entspannung und kulinarischen Verführung. Das Restaurant (150 Plätze) besticht durch sein mit »warmen« Hölzern, Buche und

Der einstige Zollpackhof hat sich zur beliebten Ausflugsgaststätte gewandelt.

Eiche, verkleidetes Interieur, die breiten Fensterfronten zum Kastaniengarten an der Spree, die einladende Bar und den pittoresken großen Rundum-Kamin inmitten des Gastraums, in dem an Wintertagen oder kühlen Sommerabenden die Birkenscheite brennen. Wenngleich manchem Gast vielleicht die an Wand und Decke laufenden Entlüftungsrohre etwas fremd anmuten mögen, wird die gemütliche Atmosphäre dadurch kaum getrübt. Schon gar nicht bei schönem Wetter auf den beiden Gartenterrassen unter Schatten spendenden uralten Kastanienbäumen (250 Plätze) oder im angrenzenden Biergarten (bis zu 800 Plätze).

Vom Gartenrestaurant öffnet sich der Blick auf das am anderen Spreeufer gelegene Bundeskanzleramt.

Bestens gesorgt ist für das leibliche Wohl mit einer gepflegten deutsch-österreichischen Küche, etwa Klassikern wie der Zollpfanne – Rindersteak, Putensteak und Schweinsmedaillons auf Speckbratkartoffeln, serviert mit Butterbohnen, oder auch Wiener Schnitzel mit Kartoffel-Gurken-Salat und Wildpreiselbeeren. Im Biergarten werden Grillspezialitäten geboten. Sehr beliebt sind im Winter die Kaminabende mit Fondue. Musikalische »Leckerbissen« erwartet die Gäste demnächst im Jazzkeller. Auch Kinopremieren-Feiern und andere gesellschaftlich-kulturelle Veranstaltungen stehen dann auf dem Programm.

Das Gasthaus an der Spree hat direkten Zugang zur Uferpromenade. In Sichtweite oder nur einen Katzensprung entfernt sind Brandenburger Tor und Reichstag, der neue Hauptbahnhof, der Tiergarten oder das Schloss Bellevue und natürlich genau vis-à-vis das Bundeskanzleramt. Im Zollpackhof ist der Gast den höchsten staatlichen Autoritäten recht nah. Er kann sogar im Treppenflur die Ahnengalerie aller Bundeskanzler von Adenauer bis Merkel bewundern. Eine nicht ganz alltägliche Ehrerbietung an die »gekrönten Häupter« – doch volksverbunden allemal.

Zollpackhof
Elisabeth-Abegg-Str. 1 (an der Moltkebrücke)
10557 Berlin
☎ 030/33 09 97 20
Fax 030/33 09 97 15
www.zollpackhof.de
mail@zollpackhof.de
täglich von 10.00 Uhr bis 24.00 Uhr
Inhaber: Zollpackhof Gastronomie GmbH
Geschäftsführende
Gesellschafter: Benjamin Groenewold
und Gerhard Lengauer

Café Einstein

Im Jahr ihrer Einweihung 1870 war gewiss nicht abzusehen, dass die noble Tiergarten-Villa im Herzen Berlins, unweit von Kurfürstendamm und Gedächtniskirche, dereinst als Café Einstein vielfach in einer Reihe genannt wird mit berühmten Caféhäusern in anderen europäischen Großstädten. Erbaut von einem Fabrikanten als vornehmes Wohndomizil, wurde es später als luxuriöses Spielcasino genutzt. Ein mächtiger, bei Restaurierungsarbeiten im Keller gefundener Tresor erinnert daran. In den »wilden Zwanzigern« nach dem Ersten Weltkrieg erwarb der Ufa-Stummfilmstar Henny Porten das Haus. Hier traf sich die Theater- und Filmprominenz der Hauptstadt, waren Fritz Lang und andere berühmte Schauspieler zu Gast. Verschont geblieben von den Bomben im letzten Krieg, verwandelte sich schließlich Ende der siebziger Jahre die damals leerstehende Villa in das heutige Caféhaus – getreu seiner Tradition auch mit künstlerischer Prägung. Mehr als 700 Veranstaltungen fanden seitdem hier statt. Zu danken ist die gastlich Metamorphose zwei Wienern: Wilhelm Andraschko und Ursula Bachauer, die sich in das schöne Anwesen verliebten und ein Stück wienerische Caféhaustradition von der Donau an die Spree holten, eben ins Café Einstein.

Diese wird nun seit über zwei Jahrzehnten mit Geist, Geschick und Geschmack kultiviert. Entspannt und genussvoll geht es zu in den vier miteinander verbundenen, wohnlich-vornehm gestalteten Gasträumen (insgesamt 130 Plätze) mit Sitzbänken und Sesseln aus rotem englischen Leder, kleinen quadratischen, eigens in Paris hergestellten Marmortischen, verspiegelten Wänden und vergoldeten Stuckverzierungen. Ein Schmuckstück darin, das auf

Das Café Einstein in einer ehemaligen Fabrikantenvilla in der Kurfürstenstraße.

den ersten Blick gefangen nimmt: die »Bibliothek« in edler mahagonifarbener Holzverkleidung, mit Folianten hinter Glas und eingerichtet als gastliches »Herren-Zimmer«. Doch ob nun beim Kaffee und ausgedehnten Frühstück mit morgendlicher Zeitungslektüre, beim Nachmittags-Tee oder einem opulenten Mahl, ob allein, zu zweit oder in geselliger Runde – im »Einstein« findet der anspruchsvolle Gast das ihm Gemäße. Freunde der österreichischen Küche kommen bei Wiener Schnitzel mit Petersilienkartoffeln, Wiener Gulasch, Tafelspitz, Kaiserschmarrn, Wiener Melange und einem edlen Tropfen von »drunt' in der Lobau« voll auf ihre Kosten.. Die Kaffee- und Eisspezialitäten, Strudel, Torten und Kuchen lassen jedem »Süßschnabel« schon beim Lesen der Speisekarte das Wasser im Munde zusammenlaufen. Sehr begehrt im Sommer ist ein Platz im Gartenrestaurant unter hohen Lindenbäumen (200 Plätze), in wohltuender Abgeschiedenheit von jeglicher urbaner Hast: Pergolen, Palmen und Glaspavillon verleihen ihm ein leicht mediterranes Flair.

Die Bar »Lebensstern« lockt den Genießer in die erste Etage.

Jüngst hinzugekommen ist der »Lebensstern« im ersten Obergeschoss, eine aufwändig restaurierte Bar im Stil der zwanziger Jahre mit klassischen Cocktails und hochwertigem Spirituosen-Sortiment. In den angeschlossenen Sälen sind auch große Gesellschaften für das Stammhaus jederzeit willkommen (bis zu 600 Personen).

Der »Türkentrank« wird selbstverständlich aus der eigenen Rösterei kommend ausgeschenkt – wunschgemäß in zwei Dutzend Zubereitungsarten. Die kleine Probat-Röstmaschine, die einst im Eingangsbereich zum Café Einstein stand, hat sich inzwischen längst zu einer großen Rösterei in der Charlottenburger Franklinstraße gemausert, in der 23 Sorten aus 23 Ländern verarbeitet, verkostet und dann weltweit verkauft werden. So kam »ein Stein« zum anderen, und das Café Einstein selbst ist zum gefragten Markenzeichen geworden.

Die Bibliothek ist im Stil eines Herren-Zimmers eingerichtet.

Café Einstein
Kurfürstenstraße 58
10785 Berlin
☎ 030/263 91 90 und 261 50 96
030/261 91 76
www.cafeeinstein.com
contact@cafeeinstein.com
täglich ab 8.30 Uhr
Inhaber/Geschäftsführer: Philipp Hasse-Pratje

Altes Zollhaus

Wenngleich direkt am Wasser des Landwehrkanals gelegen, wurde hier noch zu keiner Zeit Zoll erhoben von den vorbeifahrenden Kähnen. Namen von historischen denkmalgeschützten Häusern erinnern mitunter an ein vergnügliches Puzzlespiel – so wie hier. Das 1904 von dem Architekten Ludwig Hoffmann (Altes Stadthaus, Märkisches Museum, Märchenbrunnen) errichtete romantische Fachwerkhaus mit Satteldach, Gaubenfenstern und steingemauerten Torbögen war dereinst schlicht ein Depotgebäude der Berliner Stadtreinigung. Mit hintersinnigem Schmunzeln verweist dann Hausherr Herbert Beltle darauf, dass der »Zoll« doch nichts anderes sei als der gastliche Obolus, sprich der Preis, den der Besucher für eine Mahlzeit in einem der schönsten Berliner Restaurants entrichtet.

Ministerpräsidenten und Altbundeskanzler, Fürst Rainier von Monaco und der japanische Kaiser, Künstler von Rang wie Daniel Barenboim, Udo Lindenberg und James Last zieren die Gästeliste und sind Referenz für die ungewöhnliche gastliche Stätte.

Eine Atmosphäre wohnlicher Geborgenheit empfängt den Besucher im A-la-carte-Restaurant im Erdgeschoss (60 Plätze) mit seinem schönen alten Bauernmöbel, dem bis zur Decke reichenden Kachelofen, der an kalten Tagen wohlige Wärme verströmt, mit Prozellankronleuchtern und hohen Spros-

A-la-carte-Restaurant im Erdgeschoss.

senfenstern, die den Blick auf Bäume und Wiesen, das Wasser und die am Haus vorbeiziehenden Boote freigeben. Das Obergeschoss beherbergt die »Schmugglerscheune« (90 Plätze). Unter wuchtigem, den Raum dominierenden offenen Deckengebälk, an rustikalen langgestreckten Tischen kann hier gefeiert werden. An schönen Tagen genießt so mancher Gast im Hofgarten (50 Plätze) die Ruhe im Grünen. Leicht verblüfft, doch eher schmunzelnd nimmt der Besucher wahr, dass ihn im Alten Zollhaus ein heimischer Vogel auf Schritt und Tritt »verfolgt« – die Ente. Mag es am nahen Wasser oder der ländlichen Idylle liegen – der Einfall der Wirtsfamilie, das liebe Federvieh gleichsam zum Symbol, zum allgegenwärtigen »Maskottchen« des Hauses zu erheben, war gelungen. Enten aus Ton, Keramik und Porzellan zieren Wände und Regale. Vor allem aber bereiten die Vögel den Gästen Genuss, wenn sie »aus dem Rohr« auf den Tisch kommen – als Märkische Landente geschmort, ausgelöst, mit Kartoffelpuffern und Speckwirsing, mit Grün-, Rot- oder Spitzkohl. Das täglich in unterschiedlicher Variation dargebotene »Enten-Menü« ist für viele Besucher und Stammgäste ein ganz besonderer Anziehungspunkt und ein mittlerweile weithin bekanntes Markenzeichen der Hausküche.

Schmugglerscheune im Obergeschoss.

Wie überhaupt im Alten Zollhaus das Bodenständige, Heimische aus regionalen Produkten Trumpf ist. Nicht Fisch etwa aus dem Mittelmeer – dafür Wels und Zander aus brandenburgischen Gewässern: der kross gebratene Havelzander auf lauwarmem Kartoffel-Gurken-Salat ist ein ausgesprochener Renner auf der Speisekarte. Und ob Rehbockkeule mit Morchelrahmsoße, Lammrücken mit Bärlauchsoße oder gebackener Kalbskopf mit Blutwurstknödeln – sie alle verraten den Meister der regionalen Küche unter der »Kochmütze« des internationalen Schlemmerlexikons »Gault Millau«.

Altes Zollhaus
Carl-Herz-Ufer 30
10961 Berlin
☎ 030/692 33 00 und 691 76 76
030/692 35 66
www.altes-zollhaus-berlin.de
Dienstag bis Sonnabend ab 18.00 Uhr
Für Veranstaltungen ab 25 Personen täglich auch mittags geöffnet
Inhaber: Herbert Beltle

Gasthaus Zenner

»Hier können Familien Kaffee kochen« – und so zogen sie denn mit Kind und Kegel am Wochenende zum Zenner, bepackt mit Stullen- und Kuchenpaketen, mit Kaffee, den sie hier mit heißem Wasser für ein paar Pfennige aufbrühen konnten. An der insel- und buchtenreichen Spree inmitten eines prächtigen Laubwaldes war gut Verweilen, das gastliche Haus ein willkommener Zufluchtsort auch für Leute mit kleinem Geldbeutel und das viele Jahrzehnte lang. Gilt doch der Zenner als nachweislich älteste Berliner Ausflugskneipe – mit magistratlichem Siegel. Aus einer Fischerhütte um 1600 hervorgegangen, erfreute sich die seinerzeitige »Spreebudike« mit späterem Brauhaus (um 1700) bald großer Beliebtheit bei den Berlinern. Doch die städtischen Behörden wollten höher hinaus – und so wurde 1822 hier das Gasthaus Treptow als Neues Gartenhaus an der Spree festlich eröffnet. Gedacht war es zunächst für die Bedürfnisse des »feineren Publikums der Residenz«, ein Gebäude im »eleganten Styl« des Klassizismus. Mit der Übernahme durch den Pächter Zenner 1888, einem Gastwirt mit Leib und Seele, bekam das Haus seinen heutigen Namen und seinen legendären Ruf als Ausflugs- und Erlebnisgasstätte für die ganze bunte Berliner Gesellschaft. Wieder aufgebaut nach Kriegszerstörungen in den fünfziger Jahren, gewann das Lokal bald seine Popularität zurück. Erst recht nach der Wende und nach einer Verschönerungskur mit Millionenaufwand, die dem Haus viel von seinem einstigen Glanz und noch ein bisschen mehr verlieh.

Jeder kann sich hier seinen Lieblingsplatz aussuchen: im Biergarten (1500 Plätze) direkt an der Spree unter hohen Linden- und Ahornbäumen oder auf der malerischen hochgelegenen Freiterrasse (150 Plätze) mit Blick auf Park,

Haus Zenner mit Biergarten und eigener Anlegestelle an der Spree.

See, Insel der Jugend und die anlegenden Schiffe der Stern- und Kreisschifffahrt, im vornehmen Altberliner Restaurant (70 Plätze) mit Ledermöbeln und Separeés, das eigentlich den Namen Bistro zu Unrecht trägt, oder im modernen Selbstbedienungsrestaurant Burger King (80 Plätze), das besonders gern von jungen Leuten aufgesucht wird. Bei schönem Wetter steigt am Wochenende die Große Gartenparty mit Frühschoppen, Brunchbuffet und Live-Musik. Wie schon zu früheren Zeiten ist Kinderfreundlichkeit ein sympathischer Zug des Gasthauses, und die Kleinen können sich ungestört auf Spielplätzen und in Spielecken tummeln.

Berühmt ist der Zenner mittlerweile auch durch sein zweites Markenzeichen – die Eierschale (250 Plätze). Viermal in der Woche »hallt sie wieder« von Jazz und Dixiland, Rock und Pop, ist sie gefragter Treff auch für Festlichkeiten. Der mit dunklem Holz getäfelte Raum, mit Säulen und buntem Glas verziert, mit kleinen Emporen und Sitzgruppen versehen, verbreitet ein Flair stilvoller Behaglichkeit.

Jazz-Kneipe Eierschale im Haus Zenner.

Von Schopenhauer stammt der Satz, dass man den Charakter eines Volkes oder einer Stadt nach seiner Speisekarte beurteilen kann. Im Zenner dürfte das nicht schwer fallen – bei Urberliner und gut bürgerlicher deutscher Küche mit monatlich wechselndem Speiseangebot. Es reicht von Mutterns Kartoffelsuppe über den Berliner Kartoffelsalat mit Bratwurst und Bulette, Kesselgulasch und die leckeren Riesenkohlrouladen bis zu Fleisch und Fisch von Grill, Pfanne oder Lavastein, Vegetarischem bis hin zu kindgerechten, kleinen Portionen.

So bietet Zenner gastliche Einkehr für jedermann und jeden Anlass – für den kleinen wie den großen Hunger, für den Ausflugsradler oder die ganze Familie, für den Tanzwütigen oder den stillen Genießer, die Geschäftsrunde wie auch für Betriebsausflüge und -jahresfeiern mit 50 bis 500 Teilnehmern. Und wie bereits vor 200 Jahren klingt heute so manche Festivität, ganz besonders zu den jährlichen Treptower Festtagen im Juni, mit einem großen Feuerwerk aus.

Gasthaus Zenner
Alt-Treptow 14–17
12435 Berlin
☎ 030/533 73 70
030/533 77 71
www.hauszenner.de
post@zenner-eierschale.de
täglich ab 10.00 Uhr
Biergarten:
Ostern bis Oktober täglich ab 12.00 Uhr
Inhaber: Zenner Restaurations GmbH
Geschäftsführer: Frank Kühl

Ratskeller Köpenick

Er befindet sich im wohl berühmtesten Gebäude von Köpenick – dem Rathaus. Weltbekannt wurde es durch den »Hauptmann von Köpenick«. In Verkleidung eines preußischen Offiziers hatte um die Jahrhundertwende, exakt am 16. Oktober anno 1906, der verarmte Schuster Wilhelm Voigt mit einem Trupp Soldaten das Rathaus besetzt, den Bürgermeister verhaftet und die Stadtkasse mit genau 4 002,37 Reichsmark beschlagnahmt. Zuvor hatte er sich aus dem Leihhaus die Offiziersmontur besorgt. In der ganzen Welt lachte man über das preußische Militär. Während der alljährlichen »Köpenicker Festwoche« im Sommer feiert der Hauptmann fröhliche Auferstehung. Symbolisch schließt der Uniformierte dann den Ratskeller auf. Sein Wunsch aus Erfahrung an Gastgeber und Gäste: »Haben Sie immer einen Pfennig mehr in der Kasse als Sie benötigen.«

Schwerlich kann sich der Besucher solch origineller Einladung entziehen. Schon wenn er in die enge und verwinkelte Straße Alt-Köpenick – mit Auto, Straßenbahn oder weit besser per pedes – einbiegt, zieht ihn das prächtige 1901 bis 1904 in mittelmärkischer Backsteingotik errichtete Rathausgebäude magisch an, und steigt er kurz darauf erwartungsvoll in den historischen Ratskeller hinab.

Wolfgang Pinzl, ein junger Gastronom, gewann Anfang der neunziger Jahre die öffentliche Ausschreibung des Ratskellers durch die Stadtverwaltung. Sein Wahlspruch war: »Wir wollen frischen Wind in die historischen Gewölbe bringen.« Raumstörende Podeste wurden entfernt, die Wände neu gestaltet

Das Rathaus wurde durch den Hauptmann von Köpenick weltberühmt.

und als besonderer »Ratskellergag« Kupferrohre an der Decke angebracht, durch die Bier und alkoholfreie Getränke fließen.

Und so präsentiert sich der Ratskeller heute seinen Besuchern: Im Großen Gewölbeschankraum mit seinen 160 Plätzen ist die Attraktion die »Zwanzigratsherrentafel« – ein 5,20 mal 1,40 Meter großer Holztisch. Die kulinarischen Gaumenfreuden werden von original Berliner Küche bestimmt. In der hauseigenen Räucherei wird das »Leibgericht des Wilhelm Voigt« zubereitet – eine heißgeräucherte Schweinshaxe auf deftigem Kraut mit Kartoffeln serviert. Die Ratskellerspezialität! Neben weiteren Empfehlungen aus der Räucherkammer bietet der Küchenchef Filet vom Havelzander oder Zwiebelrostbraten »Luisenhain« – geschmortes Roastbeef in einer raffinierten Sauce von Dijon-Senf und Zwiebeln an.

Vielfältige Veranstaltungen, Kabarett-, Musik- und vor allem Jazzabende verbinden das gastronomische Vergnügen mit einem kulturellen Erlebnis. Seit 1996 erfüllen den Rathaushof jedes Jahr die Klänge des Köpenicker Blues & Jazzfestival, dieser verwandelt sich in eine stimmungsvolle Kulisse für den Klangbogen von New Orleans bis Berlin. Das hochkarätige, von Weltstars und berühmten Bands gestaltete Musikereignis erstreckt sich über jeweils zehn Wochenenden im Jahr und zieht Freunde von Jazz, Blues und Dixieland an.

Im Rathaushof finden jährlich Jazz-Festivals statt.

Berlin-Köpenick ist eine gute Adresse zum Erleben und Genießen. Wem nach oder auch vor der Schlemmerei nach Ratsherrenart nach einem ausgedehnten Spaziergang aus der Köpenicker Altstadt hinaus in die zauberhafte, von Seen und Wäldern geprägte Umgebung zu Mute ist, dem ist zu solchem Vorhaben nur zu raten. Köpenick – zu 75 Prozent von Wald und Wasser bedeckt – wird nicht zu Unrecht die »grüne Lunge« Berlins genannt und teilt sich mit Spandau den Rang als größtes Naherholungsgebiet der Hauptstadt.

Ratskeller Berlin-Köpenick
Alt-Köpenick 21
12555 Berlin
☎ 030/655 51 78
Fax 030/65 47 27 49
www.ratskellerkoepenick.de
info@ratskellerkoepenick.de
www.jazz-in-town.de
service@jazz-in-town.de
☎ »Jazz in Town« 030/655 56 52
täglich ab 11.00 Uhr
Inhaber: Wolfgang Pinzl

Bräustübl

Eine der bekanntesten und ältesten Bier- und Speisegaststätten Berlins ist das Bräustübl am Müggelseedamm. Als brauereieigene Restauration und Ausschank des Unternehmens Berliner Bürgerbräu wurde es in dessen 125. Jubiläumsjahr 1994 nach umfangreichen Restaurierungsarbeiten wieder eröffnet. Die Räume in der Gaststätte – ganz mit Holz getäfelt, mit schönen bleiverglasten ornamentierten Fenstern, Bögen und Nischen versehen – verbreiten eine behagliche, wohltuende Atmosphäre und geben 100 Gästen bequem Raum. Man spürt die Liebe zum Detail, die bei der Wiederherstellung des Hauses nach Originalunterlagen gepflegt wurde.

Der Biergarten (80 Plätze), unter schattenspendenden Bäumen gelegen, ist an schönen Tagen ein begehrter Ort. Zum Bräustübl kommt der Berliner, um bei deftiger Hausmannskost wie Eisbein oder Schweinshaxe mit Sauerkraut und Erbspüree ein gepflegtes Bier zu genießen – sei es nun aus der hauseigenen Brauerei das Bürgerbräu Pils, das Rotkehlchen, den Maibock oder Dunklen Bock oder auch das Bernauer Dunkel. Selbstverständlich ist die Getränke- und Speisekarte ebenso für ausgesuchte Weine und internationale Gerichte offen. Originelle gastronomische Offerten haben schnell ihre Freunde gefunden. So sind der sonntägliche Familien-Brunch, das Nudelbufett am Dienstag oder das »Iss, was du schaffst-Bufett« am Mittwoch gefragt bei jung und alt. Oder auch

Der Gambrinussaal ist dem Schutzherrn der Bierbrauer gewidmet.

wenn es heißt: »Korkenknallen wie in den Zwanzigern« – eine sympathische kulinarische Referenz an Altberlin.

Das Bräustübl kann an eine jahrzehntelange gastronomische und kulturelle Traditionen anknüpfen. Schon Ende des 19. Jahrhunderts strömten die Berliner und viele Ausflügler hierher zur Brauerei, um das von einem Gastwirt ausgeschenkte Bier zu genießen und nicht zuletzt auch mit großen Booten in Gruppen bis zu 200 Personen über die Spree zu setzen. Jeder neue Pächter tat das Seine, um den Gastbetrieb noch attraktiver zu machen. Sommernachtsfeste fanden statt, jeden Freitag gab es ein Konzert der Friedrichshagener Kurkapelle und der Bockbieranstich wurde zünftig gefeiert. Auch der Friedrichshagener Dichterkreis um Wilhelm Bölsche und Bruno Wille traf sich hier. Heute ist der traditionsreiche Vereins- und Ballsaal, Mitte der neunziger Jahre sensibel restauriert, eine gefragte Adresse für die Freunde von Kleinkunst, von Dichterlesungen, Klavier- oder Gitarrenkonzerten, Chansonabenden, Kabarettdarbietungen oder politischen Dämmerschoppen (100 Plätze).

Viel besuchter Ort ist auch das historische Sudhaus. Hier finden regelmäßig Bierverkostungen statt. Der Gast erfährt viel von der wechselvollen Geschichte der Familienbrauerei im Grünen, der ältesten übrigens in Berlin und hervorgegangen in der zweiten Hälfte des 19. Jahrhunderts aus dem ehemaligen königlichen Gutsbrauhaus von 1750. In den DDR-Jahren bedeutender Export-Bierlieferant mit gutem Ruf in allen Erdteilen, wird sie heute in Regie einer traditionsreichen Braufamilie aus Bayern geführt. Auf diese Weise ist das Bräustübl für Bierliebhaber zu einer gefragten Adresse geworden.

Der restaurierte alte Ballsaal – gefragter Ort für Freunde der »Kleinkunst«.

Bräustübl
Müggelseedamm 164
12587 Berlin
☎ 030/645 57 16
030/645 16 58
www.braeustuebl.de
täglich ab 12.00 Uhr bis nach Mitternacht
Montags geschlossen
Besuch im Brauereimuseum/Historisches Sudhaus nach Vereinbarung
Tel.: 030/64 08 21 11
Inhaber: Alter Ballsaal A & K GmbH
Geschäftsführer: Tobias Apelt

Zitadellen Schänke

In alten geschichtsträchtigen Gemäuern einzukehren und die Uhren gleichsam um Jahrhunderte zurückzudrehen, hat für den heutigen Zeitgenossen immer wieder einen unbezwinglichen Reiz. Dies um so mehr an einem Ort in Berlin, der sich rühmen kann, älter als die Metropole selbst zu sein. Erstmals urkundlich 1197 erwähnt, erhielt Spandau bereits 1232 Stadtrecht – fünf Jahre vor der Gründung der Doppelstadt Berlin-Cölln. Noch betagter ist seine »Burg Spandow«, die auf Albrecht den Bär (1100–1170) zurückgeht. Sein Denkmal ziert den Burghof, das von ihm hoch erhobene Kreuz versinnbildlicht die Christianisierung der hiesigen slawischen Vorfahren. Vom zinnenbewehrten Juliusturm eröffnet sich ein phantastischer Blick auf die Spandauer Altstadt bis weit über Berlin.

Wir sind in der Spandauer Zitadelle – einem der bedeutendsten Festungswerke der deutschen Hochrenaissance. Errichtet wurde es in der zweiten Hälfte des 16.-Jahrhunderts auf den Grundfesten der alten Askanier-Wasserburg. Wehrturm und Palas, die gut erhaltenen wuchtigen Mauern, Bastionen und Kasematten, Wassergräben und Bewehrungen flößen Respekt vor der Festungsbaukunst unserer Altvorderen ein. Auf einer Insel am Zusammenfluss von Havel und Spree errichtet, sollte es die Stadt Berlin vor Feinden schützen, so im Dreißigjährigen Krieg vor den Schweden. Dem preußischen Königshof diente es im Siebenjährigen Krieg als Zuflucht vor den Österreichern. 1806 fiel die Feste an Napoleon und am 2. Mai 1945 wurde sie dank des mutigen Einsatzes russischer Parlamentäre kampflos und unversehrt übergeben.

Zitadelle Spandau mit Juliusturm.

»Spandau« und »Festungshaft« wurden in Preußen lange Zeit als Synonym verwendet. »Hüt' er sich, dass er nicht nach Spandau kommt«, mahnte schon Friedrich II. Hier saß der berüchtigte Raubritter Dietrich von Quitzow ein und auch Turnvater Jahn wegen »demagogischer Umtriebe«. Zur Nazizeit beherbergte die Zitadelle Geheimlabors zur Entwicklung chemischer Kampfstoffe.

Heute ist sie kulturelles Zentrum und Naherholungsgebiet in einem, eine historische Erlebnisstätte mit Stadtgeschichtlichem Museum und Archiv, mit Ausstellungen und Konzerten, Ateliers von Künstlern, Kunsthandwerkern und der Jugendkunstschule. Gefragt ist sie ganz besonders wegen ihrer Gastlichkeit, für die ein Name steht: Zitadellen Schänke. Sie ist in einem uralten Tonnengewölbe eingerichtet, das der einstigen Festung als Lagerraum diente. Die Keller-Gasträume, Kaminzimmer und Schänke wie auch der Kanonenhof (insgesamt 150 Plätze) bestechen durch ihr stilvoll nachempfundenes Interieur. Gotisches Gestühl und weit ausladende schmiedeeiserne Deckenlüster an Ketten, Hellebarden und Rüstungen, Eberköpfe und Greifvögel zieren Decken und Wände. Rechter Ort ist solch urwüchsige Schänke für zünftige mittelalterliche Gelage, bei denen es zugeht wie zu Zeiten der alten Rittersleut' – mit reich gedeckter Festtafel am knisternden Kaminfeuer, mit Bänkel- und Minnegesang. Gegessen wird mit dem Dolch, bestraft wird mit der »Schandgeige«, wer die Gabel benutzt. Beim »Spießbraten«, einem Sieben-Gänge-Menü mit Metwein aus dem Bullenhorn, kredenzt von Mägden und Knechten, gibt's nur »die besten Stücke der Sau«. Der Getränkekeller hält alles bereit, was den Gaumen erfreut, darunter fremd anmutende Brände wie den »Zitadellen-Geist« aus Äpfeln und Birnen, oder den »Bärentrunk«, einen süffigen Metwein mit Bärenfang gestärkt und mit Haselnüssen heiß serviert. Alljährlich im September wird beim »Burgfest« der Burghof von einem bunten mittelalterlichen Markttrei-

Auf gotischem Gestühl kann man sich zum mittelalterlichen Gelage niederlassen.

Als Spezialitäten werden Spießbraten und »die besten Stücke der Sau« serviert.

Genuss in
seiner schönsten Form.
Echter Genuss und ein gesundes Lebensgefühl gehören
bei Lichtenauer Mineralwasser ganz natürlich zusammen.
Lichtenauer
Mein Gesundbrunnen
Lichtenauer
MINERALQUELLEN
MEDIUM
NATÜRLICHES
MINERALWASSER
0,75 L
Lichtenauer

Zitadellen Schänke
Am Juliusturm
13599 Berlin
☎ 030/334 21 06
030/334 14 35
www.zitadellenschaenke.de
Dienstag bis Freitag ab 18.00 Uhr
Wochenende sowie Feiertage ab 11.00 Uhr
und nach Vereinbarung
Montag Ruhetag
Inhaber: Niklewski & Ziegler GbR

Veranstaltungs- und Party-Service
☎ 030/321 60 89
030/321 12 73

Museum
☎ 030/354 94 42 00
030/354 94 42 96
Dienstag bis Freitag 9.00 bis 17.00 Uhr
Sonnabend/Sonntag 10.00 bis 17.00 Uhr
(Änderungen möglich)
Führungen: nach Vereinbarung sowie am
Wochenende und an Feiertagen
Mai bis Oktober 13.00, 14.15 und 15.30 Uhr
November, sowie Mitte März bis Ende April
13.30 und 14.45 Uhr

ben beherrscht, von Mummenschanz und Manneskämpfen, Balladengesängen und Schalmeienklängen.

Natürlich bietet der kulinarische Kalender auch genügend Raum und Gelegenheit für eher zeitgemäßes Schlemmen und Feiern – ob Bankett, Galabüfett oder ein romantisches Essen zu zweit, Spandauer Jagd-, Märkische Herren- oder eine zünftige Kaffeetafel mit Naschereien vom Hofkonditor. Der Tagesgast kommt ebenso auf seine Kosten – etwa im Museumscafé (30 Innen- und 100 Außenplätze) »hinter dem Rücken« von Albrecht dem Bär – wie auch die kleine Runde von Familienangehörigen und Geschäftsfreunden. Getrost kann so jederzeit dem Begrüßungsspruch der »Küchenmeysterey« über der Eingangspforte zur Schänke vertraut werden: »Wohl an, wir sind bereit Sie zu bewirten«.

Unweit der Burg übrigens, in der ehemaligen Heeres-Dampfwäscherei, werden seit einem reichlichen Jahrzehnt ein süffiges Bier, das Havelbräu, und zwölf saisonale Bierspezialitäten – vom Märzen- über Bock- bis zum Weihnachtsbier – gebraut. Sie erfreuen sich großer Beliebtheit bei den Gästen, die sich gern von der urigen Brau- und Gasthausatmosphäre einfangen lassen.

Restaurant Kolk

»Willkommen im ältesten Teil von Berlin-Spandau« wirbt der Prospekt des gastlichen Hauses. Und er verweist auf den Eingang zum historischen Kolk am letzten erhaltenen Teil der alten Stadtmauer aus dem 14. Jahrhundert unweit der Altstadt mit Fußgängerzone, Reformationskirche St. Nikolai und der Zitadelle. Ist dies schon ein besonderer Fingerzeig, so sind Entstehungsgeschichte und Wandlungen vom Haus Kolk in mehr als einem Jahrhundert ganz und gar außergewöhnlich. Denn wo heute die Gäste ihren Durst bei einem frisch gezapften Berliner Pilsner vom Fass löschen, waren es seinerzeit die Feuerwehrleute, die aus hiesigem Gebäude zur Brandbekämpfung ausrückten. War doch das Kolk 1873 als Spritzenhaus erbaut worden. Die malerischen Fensterfronten an der Eingangsseite in Form von großen Torbögen lassen noch erahnen, dass vor hundert Jahren die Feuerwehren hier ein- und ausgefahren sind. Die sechs reizvollen Stufengiebel hingegen dienten allein architektonischer Zier – schließlich wussten die Stadtväter damals schon, was ihnen die Brandbekämpfer wert waren. Die 13 Männer der ständigen Feuerwache wohnten mit ihren Familien gleich hinter dem Depot. Später dann, 1916, wurde in der Spandauer Altstadt ein neues Spritzenhaus errichtet. Das Kolk diente fortan Händlern und Gewerbetreibenden als Domizil. Bis es schließlich, nach aufwendiger Restaurierung unter der Ägide der angestammten Gastwirtsfamilie Richter, am 1. Dezember 1989 seine Pforten als Restaurant Kolk eröffnete.

Das war schon eine Glücksstunde für die gastronomisch durchaus verwöhnten Spandauer und ihre Gäste. Allein die Lage der Einkehr ist Verlockung genug: die Gaststube (75 Plätze) mit Fensterblick zum Altstadtzentrum und der Sommergarten (65 Plätze) am Nebenarm der Havel unterhalb der restaurierten

Im ehemaligen Spritzenhaus löschen heute die Gäste ihren Durst.

Der Sommergarten an Fluss und Stadtmauer – romantische gastliche Oase.

Stadtmauer in idyllischer Natur und fast klösterlicher Abgeschiedenheit. Liebevoll bewahrt haben die Wirtsleute die Erinnerung an die alten Zeiten – mit Feuerwehrutensilien, Helmen und Spritzen oder auch mit landwirtschaftlichen Gerätschaften, Heuwagen und Bildern vom Landleben, die optisch die Brücke zum ehemals auch ländlich geprägten Spandau der vorletzten Jahrhundertwende schlagen. In eleganter Rustikalität bieten sich die Gasträume dem Besucher dar mit dem stilvoll integrierten, original erhaltenen Fachwerk, unsichtbar hingegen der ebenfalls original bewahrte Pfahlbau auf Eichenpfosten.

Sind schon Haus und Interieur eine Augenweide, so ist das, was aufgetafelt wird, umso mehr. Seit zwei Jahrzehnten macht das Kolk seinem Ruf als Familienbetrieb alle Ehre. Die Gäste fühlen sich umsorgt und vor allem – es schmeckt »wie bei Muttern«: Berliner Spezialitäten wie Kalbsleber mit Kartoffelbrei oder Pökeleisbein, Fisch aus heimischen Gewässern oder auch vegetarische Gerichte genauso wie Spezialitäten aus Schlesien und Ostpreußen: von Mohnpielen über ostpreußische Krautwickel bis zum »Schlesichen Himmelreich«. Angeknüpft wird dabei an eine lange historisch-kulinarische Tradition Berlin–Preußen ebenso wie an die familiären Wurzeln der Wirtsleute. Alles wird frisch zubereitet und auch optisch ansprechend serviert – sei es nun für den Tagesgast oder auch für die familiäre Runde, den Freundeskreis oder das Geschäftstreffen mit ganz nach Wunsch zubereiteten Menüs.

Mit dem Namen »Kolk« will das Haus auf seinen besonderen geschichtlichen Standort verweisen. Im Norddeutschen schlicht mit »Wasserloch« übersetzt, ist Kolk hier in Spandau als Niederungsgebiet am Havelfluss, einer wichtigen Transportader mit Schleuse und einstiger Zoll-Hebestelle, so etwas wie der Gründungskern von Spandau, das noch vor Berlin Stadtrecht erhielt. Nicht von ungefähr war bis Ende des vorletzten Jahrhunderts Kolk noch ein selbständiger administrativer Bereich innerhalb Spandaus. Doch das ist längst Geschichte ebenso wie das Gekrächze der Kolkraben, die in Vorzeiten das einstige Feuchtbiotop bevölkerten.

Restaurant Kolk
Hohes Steinweg 7
13597 Berlin
☎/📠 030/333 88 79
www.Restaurant-Kolk.de
kolk-richter@t-online.de
täglich ab 11.30 Uhr
Inhaber: Familie Richter

Alter Fritz

Gern ist er in der kleinen Schänke im Tegeler Forst eingekehrt, wenngleich die höfischen Regeln es ihm untersagten. Kronprinz Friedrich löckte oft gegen den väterlichen Stachel des tyrannischen Soldatenkönigs. Auch dann, wenn er unterwegs zu seinem kronprinzlichen Schloss in Rheinsberg während des Pferdewechsels im Neuen Krug eifrig dem Bier zusprach. So hieß damals die wohl älteste, anno 1410 erstmals urkundlich erwähnte Gaststätte Berlins mit Pferdeausspanne. Erst viel später, um 1900, wurde sie zu Ehren des einstigen königlichen »Stammgastes« in Alter Fritz umbenannt. Auch von anderen berühmten Zeitgenossen weiß das Gästebuch zu berichten – den Gebrüdern Humboldt etwa, die im nahe gelegenen Schloss Humboldt zu Hause waren, oder auch dem Frankfurter Geheimen Rat und Dichterfürsten Johann Wolfgang von Goethe, der den Ort in seinem »Faust« verewigt hat, allerdings mit leicht diabolischer Verfremdung: »Das Teufelspack, es fragt nach keiner Regel. Wir sind so klug, und dennoch spukt's in Tegel.«

Nun, gespukt hat es hier in der Regel nicht, es sei denn nach allzu reichlichem Biergenuss. Ist doch der »Alte Fritz« seiner 600-jährigen Tradition bis auf den heutigen Tag treu geblieben und eines der wenigen Lokale in Berlin mit eigener Bierbrauerei. Schon beim Eintritt in die Gaststube (140 Plätze) mit ihren verschachtelten Räumen und gemütlichen Sitznischen »schnuppert«

Der Alte Fritz ist die wohl älteste, um 1410 erstmals erwähnte Gaststätte Berlins.

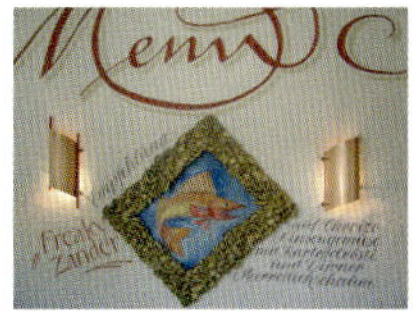

der Gast förmlich den frischen Geruch von Malz, fällt sein Blick auf die kupferblitzende Sudpfanne und den Läuterbottich hinterm Tresen. An die 1000 Hektoliter jährlich werden im Haus gebraut und auch nur hier ausgeschenkt – als naturbelassenes malzig-mildes »Kupfer«, süffig-leichtes »Gold« oder als selbstgebrautes Weizenbier.

Nach einer gründlichen Renovierung erfreut sich das denkmalgeschützte Haus eines modernen Wohlfühl-Ambientes. Alles wirkt gastlich – selbst die Wände sind geschmückt mit Malereien des Berliner Kunstmalers Wolfgang Loewe zu gastronomischen Motiven, darunter bildlichen und typographischen Darstellungen von Gerichten der Haus-Speisekarte. Diese folgt dem Motto: moderne Trendküche mit traditionellen Einflüssen. Dazu zählen das zünftige Baunerntatar vom Weideochsen mit pikanten Zutaten und duftendem Brot, ebenso wie feine neue Aromen und Ingredienzien aus den Mittelmeerländern, etwa beim guten alten Zander mit Chorizo Linsengemüse und Dijoner Meerrettichschaum. Natürlich hat auch Gambrinus ein Wörtchen mit zu reden, etwa bei den Braumeister-Sparribs als »Barbeque-Combo«. Ob in der anheimelnden Gaststube, dem malerischen Innenhof-Kaffeegarten mit Springbrunnen und der Jahrhundertlinde oder dem Kleinen oder Großen Saal für Familien-, Vereins- und Betriebsfeste bis zu 250 Personen – zu jeder Tageszeit und Gelegenheit empfiehlt sich der Alte Fritz als romantischer Ort für erlebnisreiche Stunden. Die paradiesische Umgebung tut dazu ihr übriges: Die ausgedehnten Wälder des Tegeler Forstes und der Tegeler See – nach dem Müggelsee das zweitgrößte Berliner Gewässer – sind Balsam für den gestressten Hauptstädter.

Die hier ausgeschenkten Bierspezialitäten werden im Haus selbst gebraut.

Alter Fritz
Karolinenstraße 12
13507 Berlin
☎ 030/433 50 10 und 434 10 97
030/433 82 27
www.restaurant-alter-fritz.de
mail@restaurant-alter-fritz.de
täglich ab 16.00 Uhr
Wochenende ab 11.00 Uhr
Inhaber: Volkmar und Harald Thieme
Geschäftsführer: David Wunnicke

Tattersall – Restaurant Diener

Der Trainer und britische Pferdenarr Richard Tattersall (1724–1795) gründete die erste Reitschule und Pferdebörse mit Wettbüro. Über die Jahrhunderte baute und betrieb die Familiendynastie der Tattersalls Reithallen und Reitschulen in England, ganz Europa und Übersee. In Deutschland gab es Tattersall'sche Reitschulen in mehreren großen Städten – Mannheim, Köln und natürlich Berlin. Hier waren es gleich drei, ausgestattet stets auch mit Gesellschaftsräumen und gastronomischen Einrichtungen. Eine der berühmtesten und auch in architektonischer Hinsicht bemerkenswertesten Reithallen war Tattersall des Westens, erbaut 1893 am heutigen Standort, dem Savignyplatz, und in unmittelbarer Nähe zum Zoologischen Garten. Doppelstöckig und mit schiefer Ebene versehen, konnten die »Reiteleven« hier sogar »vertikal« trainieren, darunter auch Seine Majestät Kaiser Wilhelm II., der hier oft seinem Ross die Sporen gab und sich dabei schon mal an das Auf- und Abschüssige auch einer kaiserlichen »Laufbahn« gewöhnen konnte. Beim »Karneval zu Pferde« und anderen exklusiven Lustbarkeiten amüsierte sich die Berliner Hautevolee.

Von dem einstigen Reit- und Vergnügungsetablissement ließen die Bomben im Zweiten Weltkrieg nur die Gesellschaftsräume mit der Kutscherstube übrig. Das heute noch eindrucksvolle sechsstöckige Backsteingebäude, verziert mit

Die Gaststätte der Reitschule Tattersall des Westens übernahm nach dem Krieg der ehemalige Boxer Franz Diener.

Giebel und Pilastern, bildet einen direkten Verbund mit dem S-Bahn-Bogen, und die Züge fahren an der Hauswand vorbei. Im Tattersall des Westens – wie es in großen Lettern an beiden Hausfassaden prangt – entstand in den Nachkriegsjahren eine der beliebtesten Gaststätten Berlins, ein Prominententreff für Künstler, Schauspieler und Sportler, Sänger und Kabarettisten. Die Wände des urgemütlichen, im Altberliner Stil eingerichteten Lokals (70 Plätze) sind über und über mit handsignierten Fotos seiner einstigen und heutigen Stammgäste bedeckt – von Billy Wilder bis René Kollo, den Comedian-Harmonists, Robert Biberti, der bis zu seinem Tod fast täglich hier einkehrte, und Erwin Bootz, von Kirk Douglas, Rainer Werner Fassbinder und Karel Gott, Ben Becker und Inge Meysel, Nicole Heesters, Günter Pfitzmann und Max Raabe bis zu Joe Herbst, dem Mitbegründer der Berliner Stachelschweine. Sie alle und der berühmte Profiboxer Franz Diener, der das gastliche Etablissement in den fünfziger Jahren übernahm, es bis zu seinem Tode betrieb und ihm seinen heutigen Namen gab, machten das Restaurant zu einer Charlottenburger Institution.

Die Küche bietet deftige und altüberlieferte Berliner Hausmannskost – vom Strammen Max über Bulette mit Kartoffelsalat und Spiegelei bis zu Kartoffelpuffern mit Räucherlachs und Sahnemeerrettich. Je nach Saison gibt's eine extra Spargel- oder Matjeskarte, und zu keiner Zeit fehlt die »Molle mit Korn« oder für den Genießer der Rebe sein auserwählter Tropfen. Der gute Ruf des urigen Gasthauses ist mittlerweile weit über den Kreis der namhaften Stammgäste hinaus gedrungen. Berlin-Besucher und Touristen von weither kehren gern in der gastlichen »Reithalle« ein und lassen sich auf urberlinerisch verwöhnen.

Tattersall – Restaurant Diener
Grolmanstraße 47
10623 Berlin
☎/✉ 030/881 53 29
www.diener-tattersall.de
Öffnungszeiten: täglich ab 18.00 Uhr
Heinz-Werner Kraekamp
Geschäftsführer: Rolf Honold

Schlosshotel im Grunewald

Das Haus im Grunewald, das zu den »Small Leading Hotels of the World« zählt, bietet »Luxus für alle Sinne«, ist Kunst- und Gourmet-Tempel in einem. Kein Geringerer als der Modedesigner Karl Lagerfeld hat bei der Restaurierung und künstlerischen Ausgestaltung des denkmalgeschützten Anwesens in den neunziger Jahren Regie geführt.

Das alte Adelspalais, kurz vor dem Ersten Weltkrieg erbaut, diente Walter Sigismund Emil Adolf von Pannwitz, Rechtsanwalt und passionierter Kunstsammler, mit seiner Familie als Wohnsitz. Zu jener Zeit, an der Wende vom 19. zum 20. Jahrhundert, schossen im Grunewald prächtige Wohnpaläste wie Pilze aus dem Boden. Eine ganze Villenkolonie entstand – versunken in üppigem Grün, umgeben von Wäldern und Seen, dabei unweit vom Zentrum der sich mit Reichseinigung und Industrialisierung stürmisch entwickelnden Metropole Berlin. Hierher zogen sie – die Gutbetuchten, Generaldirektoren und Bankiers, namhafte Künstler und Gelehrte, Dichter und Aktricen, Verleger und Großkaufleute. Hier wohnten die Wertheims, Rathenaus und Ullsteins, Max Reinhardt und Lion Feuchtwanger, die Schauspielerin Isadora Duncan, der Theaterkritiker Alfred Kerr oder der deutsche Schnapskönig Robert Wiesenack.

Und eben auch jener Adelsspross, der dem Pannwitz-Palais seinen Namen gab und es weithin bekannt machte. Lange konnte sich die Familie allerdings des fürstlichen Domizils nicht erfreuen. Im Jahre 1919 folgte sie ihrem abgedankten Kaiser Wilhelm II., der ständiger Gast im Pannwitz-Palais war, ins holländische Exil. Leerstand und Verfall nagten an dem Gebäude, das 1941 bis

Die Lobby.

Karl Lagerfeld führte bei der Restaurierung des denkmalgeschützten Anwesens Regie: das Musikzimmer.

Kaminbar
Le Tire Bouchon.

Kaisersuite.

1945 Sitz der kroatischen Gesandtschaft und nach 1945 Offiziersclub der britischen Besatzungsmacht war. Als Schlosshotel Gerhus mauserte es sich dann in den fünfziger Jahren bald zu einer der ersten gastlichen Adressen in Berlin. Adenauer dinierte, wo einst der Kaiser einkehrte. Politiker, Künstler und Neureiche, die ganze Nachkriegsschickeria traf sich hier. Berühmten Kinostreifen diente das Haus als Kulisse, so dem Film »Die Spaziergängerin von Sanssouci« mit Michel Piccoli und Romy Schneider, deren Verbundenheit mit dem Haus sogar so weit ging, dass sie hier gleich zweimal heiratete.

Im Besitz von mehreren Berliner Familien aufwendig um- und ausgebaut, ist das Hotel heute wieder bevorzugter Ort für besondere Festlichkeiten, Jubiläen und Hochzeiten, Gourmet-Essen und Nachmittagstreffs. Gar keinen Hehl macht es aus seinem Anspruch auf Luxus, der umso berechtigter ist, als er im sensibel bewahrten historischen Ambiente und künstlerischen Gewand daher kommt – abhold jedem modernistischen Protz. Jeder Winkel der gänzlich unterschiedlich eingerichteten 54 Gästezimmer und Suiten verrät erlesenen Geschmack und Respekt vor der Tradition – am edelsten die Kaisersuite mit Bibliothek, handgemalter Decke und einem Gemälde von Bismarck, der einer der Förderer der Grunewalder Villenkolonie war, oder die Lagerfeld-Suite, die dieser statt eines Honorars auf Lebzeiten nutzen kann.

Spiegelzimmer.

Bankett- und Tagungsräume geben den stilvollen Rahmen für Festlichkeiten und kreativen Gedankenaustausch, gleichwohl sind sie auch, wie das Musik-, das Kamin- oder das Spiegelzimmer, bevorzugter Orte für Soireen, Kamingespräche, Galadiners oder literarisch-musikalische Plaudereien. Für körperliches Wohlbefinden der Gäste sorgen Schwimmbad mit direktem Zugang zum Schlossgarten, Whirlpool, Saunen und Solarium, Fitnessraum, Kosmetikstudio und Physiotherapie-Praxis. Und so manches Hochzeitspaar gelangt im festlich gestimmten Reigen vom Hotel direkt in den »siebenten Himmel«

Die Hotelhalle, einem florentinischen Palazzo nachgebaut, bildet mit ihrer reich verzierten Kassettendecke, den oberen Ballustraden, vielflammigen Kronleuchtern und dem Wahrzeichen des Hauses, der historischen Löwentreppe, ein vielverheißendes Entreé für die anderen Gasträume (insgesamt 150 Plätze): das Gourmet Restaurant Vivaldi, das Wintergartenrestaurant Le Jardin, in dem man auch bei weniger gutem Wetter gleichsam mitten im Park dinieren kann, oder die Kaminbar Le Tire Bouchon.

Küche und Keller sind, wie das ganze Haus, außergewöhnlich und gehoben – ob bei internationalen oder bei heimischen Menüs – und dabei ganz und gar individuell. Zahlreiche Gerichte verraten französische Kochkunst, der heimische Spezialitäten wie etwa die Brandenburger Bauernente in nichts nachstehen. Beliebt bei den Gästen sind auch die Kochkurse des Küchenmeisters, passend zur Jahreszeit und mit Produkten der Saison – ob Spargel, Kürbis oder Pilzen, Wildbret oder Fisch, Schalen- oder Krustentiere. Vor oder auch nach üppigem Mahl genießen viele Besucher Ruhe und Naturversunkenheit im Schlosspark mit seinem uralten Baumbestand an Kiefern, Eichen und Buchen. Wer dagegen die nahegelegenen Sehenswürdigkeiten der Metropole erleben möchte, kann dies ebenfalls ganz exclusiv tun: in der hoteleigenen Luxus-Limousine.

Schlosshotel im Grunewald
Brahmsstraße 10
14193 Berlin
☎ 030/895 84-0
030/895 84-800
www.schlosshotelberlin.com
info@schlosshotelberlin.com
Hotel durchgehend
Gourmet-Restaurant Vivaldi 18.30 bis 22.00 Uhr
Dienstag und Mittwoch Ruhetag
Restaurant Le Jardin
täglich ab 6.30 Uhr
Kaminbar Le Tire Bouchon
ab 10.00 Uhr
Inhaber: ALMA Hotelmanagement GmbH
Hoteldirektorin: Uta Felgner

Forsthaus Paulsborn/Grunewaldturm

Aus der Luft betrachtet wirkt das Forsthaus Paulsborn wie ein Zwilling des benachbarten Jagdschlosses Grunewald. Selbst eher einem Schlösschen ähnlich, reicht gegliedert mit Türmchen, Giebeln und Erkern, versinkt es fast im üppigen Grün der Waldbäume. Tatsächlich bilden beide Häuser eine Art Schicksalsgemeinschaft bis hin zur Namensgebung. Paulsborn war über lange Zeit so etwas wie eine jagdliche Dependance des Schlosses mit gastlichem Zuschnitt. Um 1800 erwarb der preußische General Freiherr von Born das Anwesen, verkaufte es aber wenige Jahre später an den Jagdzeugwärter Johann Paul vom Jagdschloss. So entstand aus der Verknüpfung beider Namen »Paulsborn« – und zugleich ein Wirtshaus für den Durchgangsverkehr nach Teltow und Potsdam. Als der Grunewaldforst mit dem ausgehenden 19. Jahrhundert als »grüne Lunge Berlins« immer mehr Touristen und Naturfreunde anzog, wurde auch Paulsborn zur gefragten Einkehrstätte. In dieser Zeit erhielt es durch Aus- und Umbau seine jetzige Gestalt.

Das Hotel im Forsthaus bietet in 10 Gästezimmern modernen Luxus im behaglichen Landhaus-Ambiente. Die historischen Räumlichkeiten geben den stilvollen Rahmen für genussvolle und erlebnisreiche Stunden: das Restaurant (80 Plätze) unter prächtigem Kreuzgewölbe und mit farbigen bleiverglasten hohen Spitzbogenfenstern, das Kaminzimmer (25 Plätze) im Stil einer Burgkemenate, die rustikale Tiroler Stube (15 Plätze) oder der in grün-weißer Stofftapete gehaltene Terrassensaal (60 Plätze) mit vornehmen alten Stilmöbeln und Kronleuchtern, der sich zur hohen Freiterrasse (50 Plätze) mit Blick auf den Grunewald öffnet. Im Förstergarten (250 Plätze) am Haus muss der Gast an

Im Stil einer Burgkemenate eingerichtetes Kaminzimmer.

warmen Tagen schon eine Weile nach einem Plätzchen oder gemütlichen Eckchen suchen. Stets jedoch weiß sich der Gast in Paulsborn in doppelter Hut – der seiner Gastgeber wie der des Schutzpatrons der Jagd Hubertus. Dieser ist allgegenwärtig: in vielen Jagdtrophäen von Hirsch und Eber oder den Lampen aus verschlungenem Geweih. Er bestimmt auch den Speisezettel, der in punkto Wildbret in ganz Berlin und Umgebung wohl seinesgleichen sucht. Geliefert wird nach Bedarf von Jägern aus der Uckermark, nichts lagert auf Vorrat.

Wer übrigens den 32 Quadratkilometer großen Grunewald – das Naherholungsgebiet der Berliner mit den Havelseen Wannsee, Grunewaldsee, Schlachtensee und Krumme Lanke – gleichsam auf einen Blick erfassen möchte, dem wird solch einmalige Aussicht vom unweit gelegenen Grunewaldturm auf dem Karlsberg zuteil. Er muss sich nur die Mühe machen, 204 Stufen des eindrucksvollen neogotischen, in leuchtend rotem Backstein gehaltenen Bauwerkes hoch zu steigen und er kann bei schönem Wetter bis nach Potsdam, Spandau und Tegel schauen. Der grazile 54 Meter hohe Huldigungstempel war 1897 von Franz Schwechten (Gedächtniskirche, Anhalter Bahnhof) für den deutschen Kaiser errichtet worden. Nach der Entthronung Wilhelms II. in Grunewaldturm umbenannt, fand auch das seinerzeitige Verbot von Majestät, im oder am Turm eine Gaststätte zu errichten, bei den Berlinern keine Gnade mehr. Seit Jahrzehnten schon erfreut sich das Restaurant im Grunewaldturm mit Wintergarten, Havel- und Fürstenzimmer (insgesamt 290 Plätze) dem malerischen Kaisergarten mit großer Sonnenterasse (400 Plätze) und Blick auf die Havel sowie einer weiträumig gestalteten Minigolfanlage großer Publikumsgunst. Die Berliner und ihre Besucher genießen das naturversunkene Ambiente eines der schönsten Aussichtsrestaurants der Hauptstadt. Längst vergessen ist das kaiserliche Verdikt und, wer weiß, vielleicht wäre heute sogar der »olle Willem« hier Stammgast.

Vom Grunewaldturm bietet sich ein grandioser Blick über die Havellandschaft.

Restaurant im Forsthaus Paulsborn.

Forsthaus Paulsborn
Hüttenweg 90/Am Grunewaldsee
14193 Berlin
☎ 030/81 81 91-0
Fax 030/81 81 91-50
www.forsthaus-paulsborn.de
paulsborn@t-online.de
Hotel durchgehend
Restauration April bis September 11.00 bis 23.00 Uhr, Oktober bis März 11.00 bis 18.00 Uhr
Montag Ruhetag
Inhaber: Peter Heide

Restaurant im Grunewaldturm
Havelchaussee 61
14193 Berlin
☎ 030/300 07 30
Fax 030/300 07 318
www.grunewaldturm.de
grunewaldturm@t-online.de
Montag bis Freitag ab 11 Uhr
Samstags und Sonntags ab 9.30 Uhr
Inhaber: Thomas Bode

Landhaus Marzahner Krug

Bockwindmühle und Eingang zum Hofcafé.

Wie eine denkmalgeschützte Diaspora wirkt das Dorf Alt-Marzahn inmitten der riesigen, seit 1970 aus dem Boden gestampften Trabantenstadt: niedrige Häuser, kleine Läden, die Dorfkirche und natürlich davor der Dorfkrug, der Dorfanger und eine nachgebaute Bockwindmühle, in der heute wieder Mehl gemahlen und Brot gebacken wird. Das Bilderbuch-Ensemble war zu DDR-Zeiten ein Vorzeigeobjekt. Es unterbricht wohltuend die Hochhaus-Tristesse, und die Marzahner und ihre Gäste haben ihre Freude daran.

Auch und ganz besonders am weithin bekannten Marzahner Dorfkrug, der 1994 nach umfangreichen Rekonstruktionsarbeiten als attraktives Landgasthaus im urwüchsig-bäuerlichen Stil wieder eröffnet wurde. Das Gebäude und einstige Bauerngehöft stammt aus dem 18. Jahrhundert. Damals war hier an der Peripherie von Berlin noch die Landwirtschaft mit Viehkoppeln und Ackerbau zu Hause. Eine Schankwirtschaft am hiesigen Standort lässt sich sogar bis ins 14. Jahrhundert zurückverfolgen.

Die Erinnerung an eine längst versunkene bäuerliche Welt wird in jedem Winkel der vier Gasträume (insgesamt 240 Plätze) wachgehalten. In der Jägerstube mit großem Kamin kann der Besucher am 100-jährigen Pferdeschlitten Platz nehmen und »Aug in Aug« dem Hirsch oder Eber gegenübersitzen. Ganz und gar originell und original gestaltet: der Pferdestall – mit wuchtigen, bis zu 200 Jahre alten handbehauenen Balken, mit Pferdekutsche für die Familien- oder Stammtischrunde, riesigen Wagenrädern als Lampen, mit Schub-

Das Landhaus Marzahner Krug direkt am Dorfanger von Alt-Marzahn.

karren, Eggen und Pflügen an der Decke. Er ist Ort für größere Feierlichkeiten, Ernte-, Bockbier und Schlachtefeste und natürlich den Tanz für Jung und Alt. Bei schönem Wetter lässt auch das Gartenrestaurant (100 Plätze) unter hohen alten Lindenbäumen die Großstadt schnell vergessen.

»Schlemmen wie zu Omas Zeiten« verheißt die Speisekarte und hält, was sie verspricht: mit deutscher Landhausküche und herzhafter Hausmannskost wie auch mit internationalen Spezialitäten, darunter so mancher Speise aus dem Tiroler Alpenraum – einer Vorliebe des Wirts geschuldet. Da gibt es sie noch – die Qual der Wahl unter 170 Gerichten aus »Geflügelten Köstlichkeiten« oder »Kartoffelspezialitäten«, »Schmackhaften Schweinereien«, »Rindviechereien«, Gerichten vom Wild und Fisch oder den süßen selbstgemachten Verführungen, Eisspezialitäten, warmen Apfelstrudeln oder Palatschinken.

»Eine Fahrt nach Marzahn ohne im Krug gewesen zu sein, ist wie 'ne Molle ohne Korn« – so Inhaber Frank Neumann in Anspielung auf die alte Berliner Trinkpraxis. Doch solch gutgemeinten Werbespruchs bedarf es eigentlich kaum noch. Der Gast kann sich glücklich schätzen, wenn er hier gerade an den Wochenenden einen guten Platz findet. Telefonische Bestellungen sind also angebracht.

Der Marzahner Krug inmitten einer moderner Großstadt ist eine vielversprechende Adresse für alle, die das Dorf vor der Haustür und ländliche Idylle um die Ecke suchen. Was sie finden, lohnt die Wiederkehr allemal. Auch bei Entdeckungen im alten Dorf Marzahn, das im Jahr 2000 sein 700-jähriges Jubiläum feiern konnte. Über seine Geschichte und landwirtschaftliche Entwicklung kann man sich im Bezirksmuseum Marzahn-Hellersdorf informieren, das seit 1999 in der alten Schule am Dorfanger untergebracht ist.

Die rustikal eingerichteten Gasträume: Jägerstube (oben) und Pferdestall.

Landhaus Marzahner Krug
Alt-Marzahn 49
12685 Berlin
☎ 030/540 05 60
030/54 00 56 38
www.marzahner-krug.de
neuman_gastro@yahoo.de
täglich ab 11.30 Uhr
Inhaber: Frank Neumann

Gasthaus St. Hubertus und Mulackritze

In grauer Vorzeit – so erzählt die Legende – ist dem Bischof Hubertus von Tongern-Maastricht während einer Jagd ein Hirsch mit einem Kreuz zwischen dem Geweih erschienen. Seitdem gilt er als Heiliger und Schutzpatron der Jagd wie der Weidmänner. Und auch gastliche Häuser schmücken sich gern mit seinem Namen. So wie das Gasthaus St. Hubertus in Berlin-Mahlsdorf. Als es 1905 in der Dammheide seine Pforten öffnete, gab es hier noch Forsten und Natur pur, waren Landwirtschaft, Ackerbau und Viehzucht zu Hause. Mittlerweile hat die großstädtische Einbindung viel von dem einstigen Zauber einer naturversunkenen Idylle genommen. Geblieben ist ein denkmalgeschütztes Haus, das immer noch oder besser heute wieder die Köpenicker, die Großstädter und ihre Gäste anzieht und sich zurecht als historischer Gasthof rühmen kann.

Jahrzehntelang wurde das Haus als Gastwirtschaft mit Pension betrieben. Nach dem letzten Krieg erlosch zeitweilig seine gastliche Funktion und es wurde ein Produktionsbetrieb für Kaffeemaschinen. 1998 dann, nach aufwändiger Sanierung, die Wiedergeburt als Gasthaus mit Gründerzeitmobiliar und Einrichtungsgegenständen im Jugendstil, mit Jagdrequisiten und nostalgischem Flair. Bilder, Fotos und alte Stiche erzählen von seiner Vergangenheit. Binnen kurzer Zeit gewann die Einkehr ihre Gäste zurück: Ausflügler und Festgesellschaften. Erneut wurde es ein gefragter Treff für Tanz, Kultur und niveauvolle Geselligkeit mit einem breit gefächerten Veranstaltungsprogramm von Comedy bis Kabarett, Travesty-Show, musikalisch-literarischen Abenden, Frühschoppen oder dem alljährlichen »Hubertus-Ball« im Spätsommer.

Für kleinere und größere Veranstaltungen sind die Räumlichkeiten des Etablissements ideal geeignet: das Restaurant mit Wintergarten und der Festsaal

St. Hubertus – ein Gasthaus mit Tradition, das ein Stück Berliner Gründerzeit verkörpert.

oder Spiegelsalon (insgesamt 240 Plätze) und die Gartenschänke mit der Terrasse (200 Plätze) ist ein gefragter Ort an schönen Tagen.

Der Tradition verpflichtet, genießen die Gäste hier eine gutbürgerliche deutsche Küche mit gehobenem Anspruch und mit vielen Spezialitäten aus der hiesigen Region. Da dürfen die Berliner Bulette an Lauch-Rahmgemüse mit Kartoffelbrei, die Kalbsleber mit gebratenen Apfelscheiben und Zwiebelringen oder das Berliner Eisbein »mit Stroh und Lehm« (Sauerkraut, Erbspüree und Speckstippe) ebenso wenig fehlen wie Wildgerichte vom Schwarzkittel über Mufflon bis zum Hirsch aus heimischen Wäldern oder auch Fisch in vielen Variationen. Internationale »Einsprengsel« mit Pastagerichten oder elsässischen und lothringischen Spezialitäten, deftigen Riesenflammkuchen etwa, bereichern den Speisezettel. Größter Wert wird vom Chefkoch auf originale hausgemachte Zubereitung gelegt – Convenience-Produkte sind tabu.

So steht der Name St. Hubertus seit einem Jahrzehnt wiederum wie nun schon seit 100 Jahren für einladende Gastlichkeit, Wohlbefinden und Behaglichkeit der Besucher. Barrierefreiheit sichert eine behindertengerechte Nutzung der Gasträume. Und als Ausbildungsbetrieb sorgt das Haus dafür, dass die Stafette gepflegter und traditionsreicher Gastkultur an junge Gastronomen weitergereicht wird.

Dies geschieht an einem geschichtsträchtigen Ort wie dem Hultschiner Damm zwischen Köpenick und Mahlsdorf. Am Anfang St. Hubertus, am Ende das Gründerzeitmuseum der Charlotte von Mahlsdorf mit einer der ältesten und berühmtesten Berliner Kneipen: der »Mulackritze«. Vom 12. Lebensjahr an bis zu ihrem Tode – sechs Jahrzehnte lang – hat Charlotte mit wahrer Leidenschaft Möbel und Hausrat des einfachen und gehobenen Bürgertums gesammelt und die Wohnkultur der Gründerzeit in einem von ihr erworbenen 200 Jahre alten Gutshaus zum Leben erweckt. Der wohl bekannteste Transvestit Deutschlands, geboren 1928 als Lothar Berfelde, eröffnete noch zu DDR-Zeiten, 1960, ein Gesamtensemble bürgerlicher Wohnkultur, das als

Charlotte von Mahlsdorf am Tresen der Mulackritze.

Schmeckt raffiniert.

Fläminger Jagd ist ein besonders harmonisch abgestimmter Kräuterlikör. 38 exotische und einheimische Kräuter geben diesem traditionellen Likör seine beliebte, herzhafte Note.

Jetzt neu in der Range ist der Fläminger Jagd Kräuter-Klarer. Geschmacklich einzigartig, harmonisch ausgewogen überzeugt er durch seine ausgeprägte Kräuternote und ist besonders mild und bekömmlich.

FLÄMINGER
Jagd

Liebevoll bewahrt: das originale Mobiliar der Mulackritze.

größtes Gründerzeitmuseum Europas gilt und bis heute Besucher aus aller Welt anzieht. Nach ihrer Übersiedlung nach Schweden 1997 und ihrem Tod 2002 übernahm der Förderverein Gutshaus Mahlsdorf e.V. das Erbe der mit dem Bundesverdienstkreuz ausgezeichneten passionierten Sammlerin und Bewahrerin alten Kulturgutes.

Schmuckstück im Souterrain des Gutshauses ist die vollständig erhaltene Lokaleinrichtung der »Mulackritze«, einer der ältesten Berliner Gaststätten im Scheunenviertel. Die Mulackstraße 15 mit dem Grundstück war so eng, dass sie von den Berlinern »Ritze« genannt wurde. 1770 erbaut, war das Haus bis 1952 Gastwirtschaft. Hier verkehrten die einfachen Leute ebenso wie die Großen aus Kunst, Theater und Literatur – so zum Beispiel auch Heinrich Zille, der sein »Berliner Milljöh« zeichnete. Ein Dorado war die Schänke auch für Schwule, Lesben und Transvestiten. In der Dachkammer, der »Hurenstube«, wurde von den Freiern so manche klingende Münze kassiert.

Charlotte von Mahlsdorf ist es zu danken, dass beim Abriss des Gebäudes 1963 das Interieur des legendären Gasthauses gerettet wurde. Stück für Stück hat sie es in ihr Gründerzeitmuseum gebracht – von der opulenten Theke über Tische und Stühle, Rückbüfett und »Hungerturm« – eine in Berliner Kneipen traditionelle Vitrine mit Buletten, Soleiern und Rollmöpsen für den kleinen Hunger – bis zu Werbe- und Verbotsschildern. Selbst die »Hurenstube« wurde übernommen und bewahrt – rein museal nur, versteht sich.

Wer also eintauchen will in das Zillesche »Milljöh« der vorletzten Jahrhundertwende, der findet gewiss seinen »Schatz« im Gründerzeitmuseum und sein gastronomisches Erlebnis und Vergnügen in der Mulackritze. Wenngleich nicht als öffentliche Gaststätte, empfiehlt sie sich seit Jahren für kleinere geschlossene Veranstaltungen (bis zu 45 Personen), für Familien- und Hochzeitsfeiern – alljährlich schließen im Hochzeitszimmer des Gründerzeitmuseums bis zu 100 Paare den Bund fürs Leben – für Vereinstreffen und Geschäftsessen. Alles wird nach Wunsch zubereitet – ob kaltes und warmes Bufett oder ein zünftiges Berliner Menü. Literarisch-musikalische Veranstaltungen lassen Berlin vor 100 Jahren lebendig werden. Die Mulackritze verkörpert so ein unvergängliches Stück Altberlin, pflegt und bewahrt es für heutige und künftige Generationen.

Gasthaus St. Hubertus
Hultschiner Damm 1
12623 Berlin
B 1, hinter Kaulsdorf einbiegen in den Hultschiner Damm
030/56 59 84 15
030/56 59 84 17
www.gasthaus-hubertus.com
info@gasthaus-hubertus.com
Montag bis Freitag ab 17.00 Uhr
Sonnabend und Sonntag ab 11.30 Uhr
und nach Vereinbarung
Inhaber: Karl Tynek

Mulackritze im Gründerzeitmuseum
Hultschiner Damm 333
12623 Berlin
030/567 83 29
030/56 59 48 73
www.gruenderzeitmuseum.de
Gaststätte nach Vereinbarung
Museum Mittwoch und Sonntag
10.00 Uhr bis 18.00 Uhr
Führungen auch außerhalb der Öffnungszeiten nach Vereinbarung
Inhaber: Förderverein Gutshaus Mahlsdorf e.V.
Geschäftsführerin Gründerzeitmuseum:
Monika Schulz-Pusch

Wirtshaus Moorlake

Nicht immer waren Preußen und Bayern gut aufeinander zu sprechen. Dynastische Interessen liefen sich zuwider, religiöse Widersprüche – Protestanten hie, Katholiken da – taten sich auf, und es kam sogar zu kriegerischen Verwicklungen, so im Bayrischen Erbfolgekrieg 1778/79 oder in der Schlacht bei Königgrätz, da Bayern an der Seite Österreichs gegen Preußen kämpfte und verlor.

Umso freundlicher und sympathischer wirken heute Wegzeichen preußisch-bayrischen Miteinanders, Kleinode bajuwarischer Alpenarchitektur, wie sie im Laufe der Jahrhunderte gleichsam in den märkischen Sand gesetzt wurden. Meist geschah das zu Zeiten eines »honeymoons« zwischen Abkömmlingen beider Königshäuser. Auf diese Weise sind so bekannte historische Stätten entstanden wie das »Bayrische Haus« im Wildpark bei Potsdam, heute ein Fünf-Sterne-Hotel, oder das hier vorgestellte altehrwürdige Haus an der Moorlake.

Letzteres wurde im Jahre 1842 von keinem Geringeren erbaut als dem Schinkelschüler Ludwig Persius, nach dessen Plänen auch am jenseitigen Havelufer von Moorlake die grazile Sacrower Heilandskirche errichtet wurde. Nach der Heirat von König Friedrich Wilhelm IV. (1795–1861) mit einer bayrischen Prinzessin ließ dieser das idyllische Domizil im oberbayrischen Stil für seine Angebetete erbauen als liebenswerte Reminiszenz an deren alpenländische Heimat. Ganz uneigennützig indes war das nicht, denn die Hohenzollern nutzten das inmitten dichter Forsten gelegene und in die Havelbucht geschmiegte Gebäude auch als Unterkunft bei ihren jagdlichen Ausflügen und Parforcerit-

Biergarten mit Blick auf die Havel.

Vom Schinkelschüler Ludwig Persius erbautes Wirtshaus.

Jeder gastronomische Raum hat sein eigenes Gesicht – hier das historische Fürstenzimmer.

Der Festsaal steht größeren Gesellschaften zur Verfügung.

Wirtshaus Moorlake
Moorlakeweg 6
14109 Berlin
über die Berliner Avus bis Wannsee, dann die Königstraße bis zum Nikolskoer Weg, rechts einbiegen zum Wirtshaus
030/805 58 09
030/805 25 88
www.moorlake.de
info@moorlake.de
Oktober bis März täglich 11.00 bis 18.00 Uhr
April bis September täglich 11.00 bis 22.00 Uhr
Inhaber: Fritz und Matthias Roeder

ten. Gegen Ende des 19. Jahrhunderts Poststation zwischen Berlin und Potsdam, wurde Moorlake 1896 schließlich vom Staat als Gastwirtschaft verpachtet. Tanzsaal und Wirtschaftsgebäude kamen hinzu. Seitdem genießt es – Preußen und Bayern sei dank – einen weithin guten Ruf als Stätte der Gastlichkeit.

Das Moor gibt es heute nicht mehr; Hochwald und See hingegen umschließen wie in alten Zeiten schützend das Anwesen mit dem von einem kapitalen Hirschgeweih gekrönten Bayernhaus. In den stilvollen Gasträumen fühlt sich der Besucher sogleich wohl: ob im historisches Fürstenzimmer (40 Plätze) oder der rustikalen Kutscherstube (35 Plätze), in der Jägerstube (40 Plätze) oder im Festsaal (150 Plätze). Im Hofgarten (150 Plätze) direkt am Wasser unter hohen Bäumen kann der Gast an schönen Tagen im Freien speisen.

Bekannt ist Moorlake für seine heimischen Erzeugnissen verpflichtete Küche mit regionalen Spezialitäten. Unverzichtbar dabei der Havelzander, dessen Filet gebraten, mit gekochten Schinken- und Apfelstreifen garniert und mit Petersilienkartoffeln und Salaten gereicht wird. Freunde deftiger Speisen kommen bei solchen Hausmachergerichten wie dem »Bollenfleisch«, einer Altberliner Spezialität aus der Lammkeule, mit Zwiebel-Kümmel-Soße, Püreekartoffeln und Spreewälder Senfgurken oder bei der »Lausitzer Schusterpfanne« aus Pökelfleisch, Sauerkraut und Bratkartoffeln, in der Steingutpfanne überbacken, auf ihre Kosten. Die hauseigene Bäckerei sorgt täglich für ofenfrische Backwaren, Kuchen, Torten und Apfelstrudel.

Zum leiblichen und Naturgenuss gesellt sich in Moorlake ein künstlerisches Erlebnis, das viele Besucher anzieht. »Lesungen & mehr« heißt die Veranstaltungsreihe mit bekannten Schauspielern. Sie nehmen dann Platz am Kamin und lesen, begleitet von einem opulenten Drei-Gänge-Menü, aus ihren Lieblingsbüchern.

Blockhaus Nikolskoe

Das russische Blockhaus Nikolskoe – nach einer Brandstiftung 1984 originalgetreu wieder aufgebaut – ist weithin bekannt und berühmt für seine Geschichte und hierzulande exotisch anmutende Gestalt. Das Haus war ein Geschenk des Preußenkönigs Friedrich Wilhelm III. (1770–1840) an seine älteste Tochter Prinzessin Charlotte, die den russischen Großfürsten und späteren Zaren Nikolaus I. heiratete. Daher »Nikolskoe«, was so viel heißt wie »Nikolaus eigen«. Sie sollte auch bei ihren Besuchen in der Heimat ein russisches Ambiente nicht entbehren. So entstand 1819 in nur sechs Wochen Bauzeit ein Blockhaus wie aus einem russischen Märchenbuch mit kunstvoll geschnitzten Giebeln, Fenstern und Balkonen, mit Wänden und Decken aus dunklen klobigen Holzbohlen und einem in rustikaler Manier gezimmerten Mobiliar.

Wohlige Geborgenheit umfängt den Gast, historische Stiche an den Wänden machen Geschichte lebendig und der mächtige Kachelofen mit Ofenbank hält die Erinnerung an russische Bauernhäuser wach. Gemeinsam mit dem gegenüberliegenden Saalgebäude – durchzogen von einem gewaltigen originalen Deckenbalkenwerk aus dem Gründungsjahr 1819 – bietet das Anwesen in seinen Gasträumen auf zwei Etagen über 250 Besuchern Platz. Von der weiträumigen Gartenterrasse (300 Plätze) öffnet sich ein phantastischer Blick auf das Blockhaus, auf dichten Laubwald sowie auf das malerisch gewundene Ufer der Havel und den Wannsee. Nur wenige Meter vom Blockhaus entfernt schimmern die vergoldeten Zwiebeltürme der 1834 erbauten St. Peter-und-Paul-Kirche herüber.

Blick von der Terrasse des Blockhauses auf die Pfaueninsel.

Alles hier hat eben Stil und Tradition – auch die Gastlichkeit. Denn verwaltet hat das Blockhaus in Abwesenheit der Majestäten sinnigerweise Iwan, der Leibkutscher und Vertraute des Preußenkönigs. Mit gut Speis' und Trank für Gäste – oft kamen sie von der russischen Siedlung Alexandrowka aus Potsdam herbei – schuf er sich bald einen kleinen lukrativen Nebenerwerb. Und heute wie damals genießen sie eine rustikale, bodenständige, deftige Küche. Vorgefertigtes ist verpönt, alles wird frisch zubereitet, und sogar die Soßen werden noch selbst gemacht. Und so munden die Speisen denn auch wie das sprichwörtliche Leibgericht bei Muttern: ob Wild oder Fisch, saisonale Spezialitäten wie Spargel oder Waldpilze, das Berliner Eisbein mit hausbereitetem Weinsauerkraut, Erbspüree, Speck und Zwiebeln oder die ofenfrische Schweinshaxe mit Apfelrotkohl und Klößen. Und an den »russischen Abenden« hätte Leibkutscher Iwan ganz gewiss auch heute noch seine helle Freude. Genussvoll geht es da zu, wenn Kellner in russischer Kleidung und bei stimmungsvollen Folkloreklängen echte russische Küche auf den Tisch zaubern mit Borschtsch und Husarensteak, Wodka und Krimsekt.

Geschichte und Natur, wohin der Betrachter schaut: Die nahe liegende Pfaueninsel zum Beispiel, die seit 1924 unter Naturschutz steht. Vom Haus aus hat sie der Gast, vis-à-vis überm Wasser gelegen, direkt im Blick. Preußenkönig Friedrich Wilhelm II. (1744–1797) erwarb das idyllische grüne Eiland mit verwunschenem weißen Schlösschen 1793 als Liebesnest für seine Mätresse. In der ersten Hälfte des 19. Jahrhunderts verwandelte dann der preußische Gartenkünstler Lenné die Insel in einen einzigartigen Landschaftspark mit einer Menagerie von vielen Hundert verschiedenartigen Tieren. Heute sind davon allerdings nur noch die Pfauen übrig geblieben, die den Besucher mit einem farbenprächtigen »Radschlag« begrüßen.

St. Peter-und-Paul-Kirche (oben) und Restaurant im Stil einer russischen Bauernstube.

Blockhaus Nikolskoe
Nikolskoer Weg 15
14109 Berlin
über die Berliner Avus bis Wannsee, dann die Königsstraße bis zum Nikolskoer Weg, rechts einbiegen zum Blockhaus
030/805 29 14
030/805 20 29
www.blockhaus-nikolskoe.de
email@blockhaus-nikolskoe.de
Oktober bis März 10.00 bis 19.00 Uhr
April–September 10.00 bis 22.00 Uhr
Inhaber: Bernd Bossier

Restaurant Schloss Glienicke/Remise

Glienicke hat zwei weltbekannte Gesichter – ein altehrwürdiges mit Schloss und Garten sowie eines aus jüngerer Zeit mit den Narben deutscher Teilung: die Glienicker Brücke. Das legendäre Bauwerk, das über eine Havelenge Berlin mit der brandenburgischen Landeshauptstadt verbindet, war jahrzehntelang Ort für spektakuläre Austauschaktionen von hochrangigen Spionen und politischen Häftlingen zwischen Ost und West. Heute gewährt die Brücke Besuchern aus aller Welt ungehinderten Blick und Zugang zu Potsdams Schlösser- und Gartenlandschaft.

Als Gesamtkunstwerk von Architektur und Gartenlandschaft im klassizistisch-romantischen Stil zeigt sich Schloss Glienicke seinen Besuchern. Die Anlage wird von der Handschrift so berühmter Architekten und Gartenbaukünstler wie Karl Friedrich Schinkel und Joseph Peter Lenné, Ludwig Persius und Ferdinand von Arnim geprägt. Im Auftrag von Prinz Carl, einem Sohn des Preußenkönigs Friedrich Wilhelm III., verwandelten sie nach 1824 das Anwesen in ein verträumtes Arkadien. Verschlungene Wege, künstliche Wasserfälle und Schluchten, Brunnen, Parkseen und Brücken, kleine Tempel und Orangerien, Klosterhof und Casino mit weinlaubumrankten Pergolen sollten für den italiensüchtigen Prinzen südländisches Flair an die Havel holen. Auch das Schloss selbst wurde von Schinkel im klassizistischen italienischen Landhausstil errichtet. Das Gebäude beherbergt die Gemächer von Prinz Carl und seiner Gemahlin – als Museum zu besichtigen – sowie wechselnde Ausstellungen zur preußischen Geschichte.

Schlosspark Glienicke mit Löwenfontäne; unter dichtem Laub die Remise.

Die stilvollen Gasträume mit Wintergarten (links) und Schlossrestaurant.

Wintergarten.

In der ehemaligen Remise ist nun das Schlossrestaurant untergebracht. Das gastliche Domizil hat viele Facetten, ist Gourmet-Oase ebenso wie Ausflugslokal für Familien mit Kind und Kegel. Im Verbund mit dem alten Casino, in dem früher die adligen Herren Billard oder Karten spielten, dient es als romantische Kulisse für Bankette und Staatsempfänge. Alles in allem bieten die Räumlichkeiten der Remise den »fürstlichen« Rahmen für jeden Anlass – mit Schlossrestaurant und Wintergarten (160 Plätze), Sonnenterrasse und Innenhof (150 Plätze).

Die Schlossküche hat sich mit ihren täglich wechselnden Angeboten aus hochwertigen Frischprodukten des Umlands einen guten Namen gemacht. Der Spagat zwischen Veranstaltungsgastronomie mit Menüs der feinen, erlesenen Art und schmackhaften Gerichten für den Tagesgast und Ausflügler ist oft nicht einfach, gelingt aber in aller Regel ganz vortrefflich. Heimische Köstlichkeiten, variiert und veredelt wie etwa die Bauernente mit Spitzkohl und Kartoffelklößen oder der Frischlingsrücken in Nusskruste mit Waldpilzen und Salzkartoffeln, stehen ebenso auf der Speisekarte wie besondere Leckerbissen, zum Beispiel gefüllte Wachtel auf Rahmwirsing mit Berglinsen oder – wer wollte es dem gebürtigen Tiroler Meisterkoch Franz Raneburger verdenken – eine leckere Tafelspitz-Sülze mit Kren. Zur Offerte des erfahrenen Sommeliers zählt die hochpreisliche Rebe aus renommierten internationalen Anbaugebieten genauso wie das Spitzengewächs aus eigenen Landen. Großer Beliebtheit erfreuen sich die hauseigenen Kochkurse für den Anfänger wie den angehenden Maître an Tiegel und Pfanne.

Schloss und Park Glienicke – ein Ort des Erlebens und Genießens in Eintracht mit der Natur und den schönen Künsten, mit Architektur, Gartenbau und Musik, deren Klänge bei den regelmäßigen Schlosskonzerten viele hundert Besucher in ihren Bann ziehen. Eine historische Stätte zugleich, die im wahrsten Sinne des Wortes Brücken vom Gestern zum Heute schlägt.

Restaurant Schloss Glienicke/Remise
Königstraße 36
14109 Berlin
über die Berliner Avus bis Wannsee, dann die Königstraße bis zum Schlosseingang kurz vor der Glienicker Brücke
030/805 40 00
030/805 99 01
www.schloss-glienicke.de
mail@schloss-glienicke.de
Mittwoch bis Sonntag ab 12.00 Uhr
Veranstaltungen nach Vereinbarung
Pächter: Franz Raneburger

Brandenburg

Mit 29 500 Quadratkilometern ist Brandenburg flächengrößtes neues Bundesland. Umgeben ist es im Westen und Südwesten von Sachsen-Anhalt, im Nordwesten von Niedersachsen, im Norden von Mecklenburg-Vorpommern und im Süden von Sachsen. Im Osten grenzt es mit Neiße und Oder an Polen. Insgesamt leben in Brandenburg rund 2,5 Millionen Einwohner. Seine zentrale Lage, die seenartig erweiterten Flüsse Havel und Spree, Rhin, Dahme und Elbe mit ihren Kanälen haben es von jeher zu einem bedeutenden Verkehrsknotenpunkt und zu einem Brückenland nach Osten gemacht. Zu seinen größten Städten gehören Potsdam als Landeshauptstadt (149 000 Einwohner), Cottbus (104 000 Einwohner), Brandenburg/Havel (74 000 Einwohner) und Frankfurt/Oder (63 000 Einwohner).

Dem Besucher tut sich eine Bilderbuchlandschaft auf mit über 3 000 Seen und schier unübersehbaren tiefen dunklen Wäldern, die allein ein Drittel des Landes bedecken, mit stillen Buchten, Mooren und Heidegebieten, hügeligen Bergrücken, ja sogar mit »Minialpen« wie der »Märkischen Schweiz« oder der »Ruppiner Schweiz«. Weltweit bekannt ist der Spreewald. Sein Labyrinth von 350 verästelten Fließgewässern mit über 1 500 Kilometern Länge ist als Niederungslandschaft einzigartig in ganz Mitteleuropa. Gemeinsam mit »Schorfheide-Chorin« und der »Flusslandschaft Elbe-Brandenburg« gehört er zu den drei UNESCO-geschützten Biosphärenreservaten Brandenburgs. Mit dem Nationalpark »Unteres Odertal« und den elf Naturparks – von der Märkischen Schweiz und den Uckermärker Seen über das Schlaubetal, den Barnim bis zum Hohen Fläming – nehmen Großschutzgebiete rund ein Drittel der Landesfläche Brandenburgs ein. Sie bezaubern durch vielfach unberührte Natur, ihren Wild- und Fischreichtum, eine üppige und vielerorts selten gewordene Flora und Fauna mit Storch und Kranich, Biber, Fischotter und Eisvogel, Großtrappe und Milan.

Durch die Arbeit ihrer Bewohner – von Deutschen und Slawen – wurde die Mark im Lauf der Jahrhunderte zu einer einzigartigen Kulturlandschaft gestaltet. Dabei haben sich die Sorben, die bereits im 6. Jahrhundert in Brandenburger Gebiet einwanderten, als einzige nationale Minderheit in Deutschland und allen Widrigkeiten zum Trotz ihre sprachliche und kulturelle Eigenständigkeit bewahrt. Noch heute wird in der Niederlausitz, im Spreewald und in der sächsischen Oberlausitz sorbisches Brauchtum gepflegt und kultiviert. Auch Angehörige anderer Völker – Franzosen, Holländer und Russen – und Glaubensrichtungen – Hugenotten, Calvinisten und Juden – haben mit ihren Leistungen zum Aufblühen Brandenburgs beigetragen. Berühmte Namen stehen für unvergängliche Beiträge Brandenburgs zum Weltkulturerbe: aus Neuruppin kam der Romancier Theodor Fontane, der mit seinen »Wanderungen durch die Mark Brandenburg« seine Heimat literarisch verewigte, und der preußische Baumeister Karl Friedrich Schinkel, der wie kein anderer mit seinen architektonischen Entwürfen das Land geprägt hat. Aus Frankfurt/Oder stammt der Dichter Heinrich von Kleist. Achim und Bettina von Arnim lebten und wirkten in Wiepersdorf, der große Dramatiker Bertolt Brecht in Buckow. Und Gartenkünstler wie Peter Joseph Lenné und Hermann Fürst von Pückler-Muskau haben Garten- und Parkanlagen geschaffen, die heute noch das Herz der Besucher erfreuen: Sanssouci, Babelsberg und Branitz, Schloss Freienwalde oder Neuhardenberg.

In einer Schicksalsgemeinschaft von Mensch und Natur, durch Trockenlegung und Melioration in den großen Feuchtgebieten Oderbruch und Spreewald, Rhinluch und Havelländisches Luch, kamen Ackerbau, Viehzucht und Fischereiwirtschaft, Lein-, Obst- und Gemüseanbau zu hoher Blüte. Und langsam – dank vielfältiger Rekultivierungs- und Renaturalisierungsmaßnahmen – beginnen auch die Wunden zu heilen, die der Landschaft mit einer jahrzehntelangen exzessiven Braunkohleförderung zugefügt wurden.

Seine Städte und Dörfer, Kirchen und Klöster, Schlösser und Burgen sind Zeugen der vielfältigen Geschichte des Landes seit Gründung des Bistums Brandenburg im Jahre 948 durch König Otto I. und seit Ernennung des Askanierfürsten Albrecht des Bären zum Markgrafen von Brandenburg vor 850 Jahren. Nach den Askaniern kamen die Wittelsbacher – doch erst mit der fast 500-jährigen Herrschaft der Hohenzollern stieg Brandenburg zur europäischen Großmacht auf. Mit der Selbstkrönung des ersten Preußenkönigs 1701 in Königsberg durch den brandenburgischen Markgrafen und Kurfürsten Friedrich III. ging schließlich Brandenburg in Preußen auf. Über 600 unter Denkmalschutz stehende, vielfach bereits restaurierte Schlösser und Adelsresidenzen zeugen heute noch von einstiger preußischer Machtentfaltung. Allein in und um Potsdam, das schon unter dem Großen Kurfürsten neben Berlin zur zweiten preußischen Residenz gemacht wurde, entstand mit über 20 Schlössern, allen voran Sanssouci, das größte Park- und Schlossensemble nördlich der Alpen – von der UNESCO 1990 zum Weltkulturerbe erklärt.

Die Tragik der Geschichte wollte es jedoch, dass Preußens »Glanz und Gloria«, seine Toleranzedikte, die Tugendgebote von Arbeit und Pflichterfüllung, das »Üb' immer Treu' und Redlichkeit« vielfach von seiner militaristischen Hybris zunichte gemacht wurden, die schließlich zur Katastrophe des Zweiten Weltkrieges führte. Mit der Potsdamer Konferenz der Siegermächte in der letzterbauten Hohenzollernresidenz Cecilienhof und dem Kontrollratsgesetz vom 25. Februar 1947 wurde Preußen als Staat für immer aufgelöst. Aus seiner »Erbmasse« erstand – Ironie der Geschichte – jenes Land neu, das einst Preußens Wiege war: Brandenburg. 1949 als Land der DDR gegründet, dann 1952 zerteilt in die Bezirke Neubrandenburg, Potsdam, Frankfurt/Oder und Cottbus, wurde es mit der Wiedervereinigung am 3. Oktober 1990 in Übereinstimmung mit dem föderativen Staatsaufbau der Bundesrepublik Deutschland als Bundesland Brandenburg wiedererrichtet.

Schlosshotel Cecilienhof

Die Ironie der Geschichte wollte es, dass im letzterbauten Schloss der Hohenzollern auch die letzte Stunde jahrhundertelanger preußisch-deutscher Machtentfaltung schlug. Mit der Potsdamer Konferenz der Siegermächte im Zweiten Weltkrieg, der »Großen Drei« Truman, Stalin und Churchill (später Attlee) vom 17. Juli bis 2. August 1945, wurde Schloss Cecilienhof zu einem Ort welthistorischer Ereignisse: Hier wurde die Nachkriegskarte Europas neu gestaltet. Es begann eine lange Periode der Ost-West-Konfrontation und des kalten Krieges, die erst mit dem Fall der Mauer und der deutschen Wiedervereinigung beendet wurde.

Solches konnte der Namensgeberin des Hauses – Kronprinzessin Cecilie von Mecklenburg-Schwerin – wohl kaum in den Sinn gekommen sein, als sie das in den Jahren 1913 bis 1917 im Tudor-Stil eines englischen Landsitzes erbaute Anwesen gemeinsam mit ihrem Gatten Kronprinz Wilhelm als Wohnsitz bezog. Der Gebäudekomplex aus Backstein und dekorativem Fachwerk, gekrönt von markanten Schornsteinen und gruppiert um fünf Höfe, liegt im Landschaftspark »Neuer Garten« am Jungfernsee. In seinen 176 Zimmern wurde noch bis 1945 der Lebensstil von »Preußens Glanz und Gloria« gepflegt. Seitdem ist es historische Gedenkstätte mit dem Konferenzsaal und den Arbeitszimmern der englischen, amerikanischen und sowjetischen Delegation. Schloss und Garten gehören heute zum Weltkulturerbe der UNESCO.

Schloss Cecilienhof im englischen Landhausstil.

Das Schlosshotel Cecilienhof wurde bereits in den sechziger Jahren in den Mauern des geschichtsträchtigen Anwesens etabliert und gehört heute zur bundesweiten Kette der relexa hotels. Fürstlich wohnen, tagen und genießen, dort wo Geschichte geschrieben wurde, ist das Motto des Hauses. Die 41 Zimmer und Suiten, ganz individuell in Schnitt und Gestaltung, haben ihr historisches Flair behalten und erinnern dabei stets an den Stil englischer Landhäuser. Die Farbkompositionen reichen von Gelb und Creme über Rot bis zu Blau-weiß und Schwarzweiß. Klassische Leinenstoffe, englische Lampen, Sessel und edle Möbel in hellen Pastelltönen und im »Cecilienhofdesign« mit dem Emblem der Kronprinzessin prägen das Bild. Besonders gefragt, weil zum Teil nach originalen Vorlagen gestaltet und eingerichtet: die Hofdamensuite, die Hohenzollernsuite in sechs Räumen der ehemaligen Garderobe des Kronprinzen sowie die romantische Hochzeitssuite mit Himmelbett, Whirlpool und Kamin. Und aus welchem Fenster der Gast auch blickt – die zauberhafte Park- und Gartenlandschaft ist allgegenwärtig.

Die acht verschiedenartig im historischen Gewand gestalteten Salons und Tagungsräume bieten bis zu 80 Personen einen idealen Rahmen für jeden Anlass. Ob Bankett, Familienfeier oder Konferenz, für die moderne Kommunikationstechnik bereitsteht: Schloss Cecilienhof ist aus dem Veranstaltungskalender von Familien, Unternehmen und Organisationen kaum wegzudenken. Dafür stehen Namen wie Marschallsaal, bekannt nach dem Vertrauten Friedrichs II., Lordmarschall Keith, Salon Frederic, das frühere Speisezimmer der Prinzen, oder der intime Salon Hubertus.

Dem einstmaligen königlichen Stil und Anspruch des Hauses wollen heute Küche und Keller – in zeitgemäßer Abwandlung, versteht sich – gerecht werden. Gehobene internationale und regionale Küche prägen das Speiseange-

Auf der Terrasse mit Gartenblick.

Auch die Prinzensuite hat ihr historisches Flair behalten.

Das Schlossrestaurant.

In der Kleinen Galerie.

relexa Schlosshotel Cecilienhof
Neuer Garten
14469 Potsdam
A 10, Abfahrt Potsdam-Nord auf die B 273 nach Cecilienhof
0331/370 50
0331/29 24 98
www.relexa-hotels.de
potsdam.cecilienhof@relexa-hotel.de
Hotel durchgehend
Schlossrestaurant mit Gartenterrasse täglich 7.00 bis 22.30 Uhr
Schlossmuseum:
November bis März 9.00 bis 16.00 Uhr
April bis Oktober 9.00 bis 17.00 Uhr
Montags geschlossen
Inhaber/Betreiber:
Schloss Cecilienhof Hotel GmbH
Geschäftsführer: Axel Steinwarz
Hoteldirektorin: Ingrid Diwald

bot, der Weinkeller mit über 150 Spitzengewächsen aus Deutschland, Europa und Übersee lässt keinen Genießerwunsch offen. Allein schon das elegante, vollständig mit ornamentiertem dunklen Holz getäfelte Schlossrestaurant, an schönen Tagen die Gartenterrasse zum Blumenrondell oder der rustikale Hofgarten (insgesamt 200 Plätze) sind Verführung genug zum Verweilen und Genießen. Serviert werden täglich durchgehend warme Speisen – vom Steinbuttfilet über krosse Hähnchengeflügel gefüllt mit Riesengarnelen und geschmorter Lammhaxe bis zu Kalbfleisch-Seranoröllchen oder vegetarischen Gerichten. Dabei legen die Schlossköche großen Wert darauf, Brandenburg von seiner besten kulinarischen Seite zu zeigen – mit Zander und Flusskrebs aus der Havel, Spargel aus Beelitz oder Wildbret aus dem Fläming, das nach Art des Hauses mit schwarzen Walnüssen gereicht wird.

Das Schloss Cecilienhof gehört zur 1995 gegründeten Stiftung Preußische Schlösser und Gärten Berlin-Brandenburg, die 150 Schlösser, weitere historische Gebäude und an die 800 Hektar Parkanlagen verwaltet. Wer sich im Hotel einlogiert, hat gleichsam das größte Park- und Schlossensemble nördlich der Alpen »vor der Haustür« mit Schloss Sanssouci, dem Neuen Palais oder Schloss Glienicke. Wer sich für Film interessiert, der kann die Medienstadt Babelsberg mit ihrem Studiogelände und dem weltweit größten Requisitenfundus besuchen. Auch wer nur wenig Zeit mitbringt, kann allein den in der zweiten Hälfte des 18. Jahrhunderts entstandenen Neuen Garten, der Cecilienhof umgibt, als wertvolles Erbe preußischer Bau-, Landschafts- und Kulturgeschichte erleben. Berühmte Architekten und Gartenkünstler – von Gontard über Langhans bis zu Peter Joseph Lenné – haben hier ihre Spuren hinterlassen. Und dazwischen, daneben und dahinter immer wieder Seen und Buchten, auf denen jede Boots- oder Schifffahrt zum bleibenden Erlebnis wird.

Drachenhaus/Zur Historischen Mühle

Das Drachenhaus, 1770–1772 von Karl von Gontard erbaut, war die Wohnstätte des Winzers, der den unter Friedrich II. angelegten Weinberg vor dem »Belvedere« bewirtschaftet hat. Der Weinberg erwies sich als Flop. Das in Form einer dreistufigen Pagode errichtete Bauwerk hingegen, der Ta-Ho-Pagode in Kanton nachgestaltet, erhielt seinen Namen nach den in Kupfer getriebenen vergoldeten Drachenfiguren auf den geschweiften Dachenden und ist auch heute noch eine Augenweide. Es war ganz und gar ein Produkt der im 18. Jahrhundert verbreiteten Chinamode – so wie auch das Chinesische Haus im Park Sanssouci oder das Schloss Pillnitz bei Dresden.

Seit dem 19. Jahrhundert wird das auf einer Anhöhe inmitten üppiger Parklandschaft gelegene Drachenhaus, zu dem der Fußgänger auf einem lang ansteigenden Treppenweg gelangt, als Café und Gaststätte betrieben. Die beiden Innenräume mit insgesamt 90 Plätzen und der Sommergarten mit drei Sonnenterrassen (160 Plätze) bilden das reizvolle, miteinander verbundene gastronomische Ensemble mit dem Zauber chinesischer Architektur und illusionistischer Malerei. Es wird von Sanssouci-Besuchern ebenso gern aufgesucht wie es von ganzen Gesellschaften, von Familien und Vereinen als festlicher Rahmen für Zusammenkünfte genutzt wird. Angeboten werden Kuchen und Torten aus der Hauskonditorei, Kaffee-, Schokoladen- und Eisspezialitäten, erlesene Weine sowie Speisen einer feinen nationalen und internationalen Küche.

Großer Popularität erfreuen sich die musikalisch-literarischen Veranstaltungen unter dem Motto »Musik alter Meister« – kulinarisch begleitet von einem mit dem Thema harmonisierenden Drei-Gänge-Menü (Monate Sep-

Drachenhaus im Park Sanssouci.

Restaurant Zur Historischen Mühle mit Banketträumen und Freiterrasse.

tember bis Februar). Und als »Dinner unter Sternen«, bezogen auf die Raumgestaltung der Pagode, findet auf Bestellung ein abendliches »Show-Kochen am Tisch« statt, bei dem die einzelnen Menügänge unter den Augen des Gastes zubereitet werden.

Unweit vom Drachenhaus lädt ein weiteres Gasthaus zur Einkehr: die Historische Mühle. Das beliebte Ausflugslokal ist 1908 erbaut worden. Vom legendenumwobenen Original hat es allerdings nur den Namen und die Örtlichkeit entlehnt. Der einstmalige Besitzer der wirklichen historischen Mühle Grävenitz wird gern als Beispiel für Mannesmut vor Fürstenthronen gerühmt – soll er doch dem Alten Fritz die Stirn geboten haben, als dieser ihm die Mühle wegen all zu lauten Klapperns wegnehmen wollte. Er behielt sie – Preußens Justitia sei dank! In Wirklichkeit hatte der Preußenkönig gar nichts gegen die Mühle als romantischem Beiwerk für sein Gästeschloss, die »Neuen Kammern«. Unter der Ägide von Mövenpick sensibel restauriert, bietet das Haus heute mit seinen beiden stilvollen Restaurants, den Banketträumen und der malerischen Freiterrasse (insgesamt 350 Plätze) unter weit ausladenden alten Bäumen ein dem berühmten historischen Ort gemäßes gastliches Domizil. Wer nur seinen schnellen Durst stillen und einen schmackhaften Happen zu sich nehmen möchte, ist im Biergarten am 1900 erbauten Kutscherhaus, gleich hinter dem Besucherzentrum an der Historischen Mühle, gut aufgehoben.

Das Ensemble des Parks von Sanssouci wurde im 18. Jahrhundert unter Friedrich II. begonnen und im 19. Jahrhundert besonders durch Friedrich Wilhelm IV. erweitert. Das von Knobelsdorff errichtete eingeschossige Schloss Sanssouci – eine Perle des deutschen Rokoko – bildet gemeinsam mit den Weinbergterrassen den ältesten Teil der Parkanlage. Hier konnte Friedrich II. ungestört und »ohne Sorge« (sans souci) seinen musischen Neigungen nachgehen, fanden seine berühmten Flötenkonzerte und die Disputationen mit Voltaire statt. Der Prachtbau des Neuen Palais hingegen – nach dem siebenjährigen Krieg demonstrativ als architektonisches Zeichen für Preußens Gloria und seinen ungebrochenen Machtwillen errichtet – war vornehmlich für Angehörige der königlichen Familie und Gäste bestimmt. Es beherbergt im Südflügel eines der schönsten deutschen Rokoko-Theater, in dem auch heute noch Opern, Schauspiele und Konzerte dargeboten werden.

Café und Restaurant Drachenhaus
Maulbeerallee 4a / Park Sanssouci
14469 Potsdam
☎ 0331/505 38 08
Fax 0331/505 38 09
www.drachenhaus.de
info@drachenhaus.de
täglich von 11.00 bis 19.00 Uhr
(ab 19.00 Uhr auf Reservierung)
Inhaber: Peter und Alexander Hortig

Zur Historischen Mühle
Zur Historischen Mühle 2
14469 Potsdam
☎ 0331/28 14 93
Fax 0331/28 14 95-0
www.moevenpick.com
restaurant.potsdam-sanssouci@moevenpick.com
täglich ab 8.00 Uhr
Geschäftsführer: Thomas Prange

Besucherzentrum der Stiftung Preußische Schlösser und Gärten an der Historischen Mühle:
☎ 0331/96 94-200, -201, -202
Fax 0331/96 94-107

Der Klosterkeller

Ein Klosterkeller ohne Kloster? Na wenn schon! Dafür haben wir es mit Potsdams ältestem, ja berühmtestem Gasthaus zu tun, das uns schnell mit der kleinen semantischen Irreführung aussöhnt. Entstanden auf Geheiß des Soldatenkönigs Friedrich Wilhelm I. im Jahre 1736, ist es seitdem Schankstube und Wirtshaus. Bereits sein erster Besitzer – ein gewisser Johann Christian Tittel – hatte das königliche Braurecht und durfte tischgezapftes Fassbier ausschenken. Stammgäste waren die »Langen Kerls«, und gern kehrte auch der Kronprinz und spätere »Alte Fritz« in der gemütlichen Schenke ein. Gar bald rühmte sich das Haus als Weinrestaurant und Weingroßhandlung, ja es stieg sogar zum königlichen Hoflieferanten auf.

Blick in die Friedrich-Ebert-Straße zum Nauener Tor.

Um die vorige Jahrhundertwende, als das Gasthaus bereits im ganzen Land bekannt war, geschah dann auch ihr historisierender Umbau zum mittelalterlichen Weinkeller. Aus dem Gasthaus Zur goldenen Sonne ward nun Der Klosterkeller. Bald traf sich hier die Babelsberger Filmprominenz darunter Lilian Harvey und Willy Fritsch, Hans Albers und Heinz Rühmann. Das architektonisch meisterlich gestaltete, von gedrungenen Säulen getragene preußische Kreuzkappengewölbe, die Separees hinter dick gedrechselten Balustraden, die durch Treppenpodeste verbundenen Räume auf zwei Etagen sowie eine vorzügliche heimische Küche lockten die Gäste an. Und schon lange fragte niemand mehr, wo das vermeintliche Kloster denn wohl geblieben sei.

Heute kennt jeder Potsdamer das eher schlichte barocke Gebäude inmitten der historischen Altstadt als Klosterkeller. Nach umfangreichen Restaurierungsarbeiten zu Beginn der neunziger Jahre, bei denen einige bauliche Sünden der DDR-Zeit beseitigt werden mussten, ist das historische Gewand

Die Gasträume erinnern an einen mittelalterlichen Weinkeller.

Im Klosterkeller traf sich die Babelsberger Filmprominenz.

bis ins Detail wiederhergestellt. Der Klosterkeller zählt heute in Potsdam zu den ersten Häusern am Platz. Seine drei Kellergasträume (125 Plätze) und bei schönem Wetter der Hofgarten (250 Plätze) sind oft bis auf den letzten Platz ausgebucht. Mehrere Gesellschaftsräume, so das Restaurant Stübl oder das Restaurant Boden (insgesamt 60 Plätze), sind gefragte Orte für Treffen im Familien- und Freundeskreis, für Jubiläen und Festlichkeiten.

Was Küche und Keller auf den Tisch bringen, kann sich sehen und vor allem schmecken lassen und gereicht dem Klosterkeller zu aller Ehre. Vorgefertigtes ist verpönt, alles wird frisch zubereitet. Deftige märkische Kost prägt die Speisekarte mit ihren wechselnden Wochenmenüs – vom begehrten Havelzander über die geschmorte Schweinshaxe in Majoran bis zur zarten Lammkeule in Thymiansoße. Der Weinkeller mit über 100 Rebsorten bietet dem Gast vor allem die heimischen Weine, eingeschlossen die königliche Rebe, die einst in und um Potsdam hoch in Kurs stand. So genießt der Kenner hier gern den »Werderaner Wachtelberg«, einen Müller-Thurgau vom nördlichsten Weinberg Europas, einem Qualitätswein nach EU-Recht und »Exot mit Tradition«, die bis ins 14. Jahrhundert zurückreicht, als die Zisterziensermönche aus dem Kloster Lehnin die Rebe nach Werder bei Potsdam brachten.

Ideenreich und liebevoll gepflegt wird im Klosterkeller auch die Ess- und Trinkkultur an preußischen Königsthronen. Da feiern das »Tabakskollegium« des Soldatenkönigs oder »Friedrichs Tafelrunde in Sanssouci«, verewigt in Menzels berühmtem Gemälde, fröhlich Urständ, tritt der »Alte Dessauer« mit Prinzessin Wilhelmine unter die Gäste und erzählt ergötzliche Anekdoten, wie es damals bei Hofe wohl zugegangen sein mag. Das Ganze wird musikalisch und natürlich kulinarisch umrahmt – etwa mit einer »Bombe de Sardanapal«, einem mit Speck, Würstchen, Knoblauch und Safran gefüllten Kohlkopf. Kreiert wurde selbiges schmackhafte Menü seinerzeit vom französischen Hofküchenmeister Adreas Noel, dem der Preußenkönig ob solcher Kochkunst eine ganze Lobesode von 137 Versen als Dank widmete.

Der Klosterkeller
Friedrich-Ebert-Straße 94
14467 Potsdam
☎ 0331/29 12 18
📠 0331/29 36 69
💻 www.klosterkeller.potsdam.de
✉ klosterkeller@potsdam.de
🕓 Sonntag und Montag 11.00 bis 23.00 Uhr
Dienstag bis Sonnabend 11.00 bis 24.00 Uhr
Inhaber: Familie Hirschauer

Zum fliegenden Holländer

Benannt wurde das im holländischen Viertel gelegene Gebäude in den zwanziger Jahren des vorigen Jahrhunderts nach jener, mit Richard Wagners Oper weltberühmt gewordenen Sagengestalt des Kapitäns, dessen Schicksal es war, rastlos über die Meere zu segeln, bis eine liebende Frau ihn erlöst. Die reale Berufung des Hauses aber ist eine ganz andere, sehr bodenständige – nämlich die eines Gasthauses. Und doch ist es ohne den oder die »Holländer« nicht denkbar. Vom Preußenkönig Friedrich II. stammt der Ausspruch: »Und wenn wir das Land peublieren müssen, so holen wir Türken und Heiden und bauen ihnen Moscheen und Tempel« ... und gleich auch ein ganzes Holländisches Viertel dazu, so wie in Potsdam. So entstanden in den Jahren 1737 bis 1742 unter dem Soldatenkönig Friedrich Wilhelm I. im Rahmen der zweiten barocken Stadterweiterung in Potsdam 134 schmucke Wohnhäuser im Stile rotziegeliger niederländischer Backsteinarchitektur. Der Architekt Jan Boumann der Ältere und seine holländischen Bauhandwerker schufen ein einzigartiges geschlossenes Ensemble von Traufen- und Giebelhäusern, das heute unter UNESCO-Schutz steht.

Das wohl bekannteste und namhafteste darunter ist – direkt im Herzen des Viertels gelegen – das Eckhaus in der Benkertstraße 5. Benkert arbeitete als Bildhauer für König Friedrich II. in Potsdam und Berlin. Seit 1869 hat es sich an vorderster Stelle in die lange Liste historischer Potsdamer Einkehrstätten eingetragen – anfangs als schlichte Schankwirtschaft, später schon bald als eher noble Restauration und schließlich in der ersten Hälfte des 20. Jahrhunderts als gefragtes Gasthaus der Berliner Kindl-Brauerei. Diese – 1948 enteignet – ist nach der Wende nach Potsdam zurückgekehrt und betreibt in Potsdam-Rehbrücke eine der modernsten Brauereien Deutschlands. Zugleich hat sie die

Die Kaminzimmer im Erdgeschoss und der ersten Etage.

Historische Gaststätte in dem von 1737–42 entstandenen Holländischen Viertel.

berühmte alte Gastwirtschaft in der Benkertstraße aus 30-jährigem Dornröschenschlaf während der DDR-Jahre erweckt und mit Investitionen in Millionenhöhe getreu dem historischen Vorbild umfassend restauriert, renoviert, um- und ausgebaut. Im Juni 1996 öffnete der Fliegende Holländer wieder seine Pforten.

Allein der Rundgang durch das Haus ist ein Erlebnis. Verteilt über zwei Etagen bieten die sechs Gasträume – vom Tresenraum über Kaminzimmer, Lesezimmer, Reiterzimmer bis zum Wintergarten (insgesamt 220 Plätze) – eine ganz und gar individuelle Visitenkarte: rustikal, wohnlich und mit viel Holz gestaltet sind die Räume im Erdgeschoss; eher festlich-vornehm die Etablissements darüber. Die beiden Kaminräume unten und oben mit ihrer originalen offenen holländischen Kaminanlage sorgen an kalten Tagen und Winterabenden für anheimelnde Gemütlichkeit. Und was wohl gänzlich ungewöhnlich ist: Der Gast kann im Haus vom Erd- bis zum Dachgeschoss sehen, hier und dort sind die Decken durchbrochen und erlauben ungewöhnliche Durchblicke wie bei einer Takelage.

Traditionelle und zeitgemäße Kochkunst mit stark regionalen Akzenten bestimmen die Speisekarte. Alles wird aus überwiegend brandenburgischen, immer frisch gelieferten Produkten selbst gemacht und zubereitet – von der Sülze über die Kohlroulade, den mit Backpflaumen gefüllten Schweinebraten, das Lammfilet an Kräuter-Knoblauch-Soße bis zum Matjes-Doppelfilet mit Speckbohnen. Natürlich dürfen zu keiner Zeit die holländischen Käsespezialitäten mit Edamer, Gouda und Leerdamer fehlen, wie sie schon zu Zeiten der Gründungsväter hierzulande auf den Tisch kamen. Aus den Zapfhähnen fließen Berliner Kindl, Potsdamer Rex und Märkischer Landmann – getreu der jahrhundertealten Berliner und Brandenburger Brautradition. Und so mancher Gast staunt vielleicht nicht schlecht, wenn er vom Wirt vernimmt, dass das Bier in der Mark Brandenburg seit 949 nachweisbar ist und dass sogar in der Stiftungsurkunde des Bistums Brandenburg König Otto I. zu Magdeburg die jährlichen Bezüge des Bischofs unter anderem in Gerstensaft festgelegt hat.

Zum fliegenden Holländer
Benkertstraße 5/Ecke Mittelstraße
14467 Potsdam
☎ 0331/27 50 30
0331/27 50 321
www.zum-fliegenden-hollaender.de
info@zum-fliegenden-hollaender.de
täglich ab 10.00 Uhr
Inhaber: D. Downer & Söhne

Café Heider

Es gilt als »das Wohnzimmer der Stadt Potsdam«. Da sitzt der Staatsanwalt (das Gericht liegt gleich um die Ecke) neben dem Hauswirt, der Schauspieler neben der Hausfrau, die gerade vom Einkauf kommt, der Beamte neben dem Taxifahrer. Sie allen gönnen sich hier ihren Kaffee, Mokka oder eine Tasse Schokolade, genießen die hausgemachten Eis- oder Kuchenspezialitäten und – wenn es die schlanke Linie verträgt – auch ein Stück von der Baumkuchentorte à la Rabien, für die das Haus seit fast 100 Jahren berühmt ist: feinste Konditoreiware mit Marzipan, Schokolade und Crèmes. Kaffees, Tees und heiße Schokoladen präsentieren sich in geradezu verwirrender Vielfalt – vom Hauskaffee Heider mit Aprikosenlikör und Sahne, Mexikanisch (Kaffee und Schokolade), Pharisäer, Rüdesheimer, Kapuziner, Fiaker bis zum Kaffee Italia, einem Trank mit Ameretto und Sahne. Selbstverständlich kann der Gast den Kaffee aus hauseigener Rösterei auch ganz pur genießen.

Das Lokal ist täglich ab 8 Uhr geöffnet und zum Frühstück ebenso gut besucht wie zum Mittagstisch, zum Nachmittags-Kaffeeplausch oder zur weinseligen Runde am Abend. Längst ist das gastliche Haus auch für seine gute Küche bekannt – klassich deutsch mit mediterranen Akzenten. Das »Wohnzimmer« aus Restaurant, Café und Mokkastube (insgesamt 150 Plätze) besticht durch sein heimeliges, leicht nostalgisches Flair aus der Zeit um 1900 – mit roten Samtsofas, -bänken und kleinen Tischgruppen, Spiegeln im üppigen

Café Heider in der Friedrich-Ebert-Straße am Nauener Tor.

Das Café ist seit über 100 Jahren berühmt für seine Kuchenspezialitäten.

Goldrahmen, Bordürentapete, dunklen Holzverkleidungen und den die Wände zierenden überdimensionalen Schwarzweißfotos mit alten Potsdamer Stadtansichten. Im Obergeschoss lädt ein weiterer Raum (50 Plätze) mit Balkon zu Familienfeiern und Geschäftstreffen ebenso ein wie zu literarischen Veranstaltungen unter dem Motto »Kultur trifft Gaumen«. Ganzjährig wird das Obergeschoss auch für verschiedene Galerie-Ausstellungen genutzt. An schönen Tagen ist auf der Terrasse vorm Haus (150 Plätze) oft schwer ein Platz zu finden. Der Gast kann von hier aus das quirlige Leben im Holländischen Viertel beobachten und blickt dabei auf das ganz in der Nähe liegende Nauener Tor (1755), eines der ältesten Beispiele neogotischer Architektur in Deutschland.

Café Heider ist eine Institution – jeder Potsdamer kennt es – und seine Historie ist mit der alten preußischen Residenzstadt eng verbunden. Als der holländische Tischlermeister Gerrad de Ridder das Eckhaus 1731 mit königlicher Genehmigung erbaute, hat er gewiss nicht im Traum daran gedacht, dass seine Wohnstatt dereinst zum traditionsreichsten Caféhaus der Havelmetropole aufrückt. Das geschah zu Beginn des 20. Jahrhunderts, als der königliche Hofkonditor Ernst Rabien (»Rabien-Torte«) hier nach dem Vorbild Altberliner Caféhäuser eine Konditorei einrichtete. Seit der Gründung des ersten Berliner Caféhauses 1722 war das Kaffeetrinken mehr und mehr in Mode gekommen und drängte zeitweilig sogar den Alkoholkonsum zurück. So berühmte Berliner Adressen wie Café Bauer oder Café Kranzler wurden viel besungen und gingen in die Literatur ein. Rabien erkannte die Zeichen der Zeit – und eine ungezählte Gästeschar dankt es ihm seitdem wie auch seinem Nachfolger Karl Heider, der das Haus seit den sechziger Jahren geführt und mit seinem Namen populär gemacht hat. Nach der Wende umfassend rekonstruiert und restauriert unter der Ägide des jungen Gastronomen Nico Gehn, hat es den Charme und die sympathische Patina Altberliner Caféhäuser wiedergewonnen.

Café Heider
Friedrich-Ebert-Straße 29
14467 Potsdam
☎ 0331/270 55 96
Fax 0331/275 42 16
E-Mail cafeheider@t-online.de
täglich ab 8.00 Uhr
Inhaber: Nico Gehn

Hotel Bayrisches Haus

Die elegante Hotelanlage im romantischen Potsdamer Wildpark ist ein Haus der Spitzenklasse – wahrhaft königlich, und seine »Fünf Sterne« könnten auch heute noch eine Krone zieren. So wie vor 150 Jahren, als der Preußenkönig Friedrich Wilhelm IV. seiner bayerischen Angetrauten Elisabeth als Geburtstagsgeschenk hiesiges Domizil im schönsten alpenländischen Blockhausstil errichten ließ. Die Tochter des Bayernkönigs Maximilian I. und Tante der österreichischen Kaiserin »Sissi« sollte sich auch im gebirgsarmen Preußen wie zu Hause fühlen. Dabei vermittelte die architektonische Bayernanleihe auf dem Schäfereiberg mit phantastischem Panoramablick über die Wälder des hügeligen Wildparks selbst bei viel Phantasie doch nur eine leicht alpine Illusion. Na, wenn schon! Es gab ja noch die Gämsen, die aus bayerischen Alpenhöhen eigens nach Potsdam gebracht wurden und seinerzeit im Wildpark ein großes Freigehege bevölkerten.

Die große Zeit des Adels ging vorbei – das schöne Haus blieb. In den zwanziger und dreißiger Jahren des vorigen Jahrhunderts war es beliebtes Ausflugsziel der Berliner und Potsdamer, die sich in der historischen Gaststätte und im Kaffeegarten unter hohen, weit ausladenden Lindenbäumen verwöhnen ließen. Schulungsheim für Forstarbeiter zu DDR-Zeiten erlebte das Haus im Jahr 2001 seine Renaissance als Nobelherberge unter dem Patronat des Frankfurter Konsuls Karl Dürbeck und seiner Lebensgefährtin Gertrud Schmack.

Das oft zitierte Credo so mancher Einkehrstätte »Der Gast ist König« – hier erfüllt es seinen tiefen Sinn, ist es täglich verinnerlichter Anspruch der »dienstbaren Hausgeister«. Die Hotelanlage bietet allen Besuchern einen erlebnis- und genussreichen Aufenthalt. Das Kleinod »Alpenhaus« hat durch eine Reihe wei-

Das Bayrische Haus ließ Preußenkönig Friedrich Wilhelm IV. errichten.

terer kleiner Häuser Zuwachs bekommen, bildet aber nach wie vor den architektonischen Mittelpunkt des weitläufigen Anwesens. Das Gourmet-Restaurant Friedrich Wilhelm (30 Plätze), die Elisenstube (20 Plätze) und das Kaminzimmer (12 Plätze) sind individuell ausgestattet mit kunstvoll ornamentierten Holzwandpaneelen, Kassettendecken, schweren Lüstern oder den stilvollen offenen Kaminen. Küche und Keller bieten dem Gast, »was andere nicht haben«. Der erklärte Anspruch meint erwählte Kreationen ebenso wie Bodenständiges mit regionalen Facetten. Stets gewahrt dabei ist das Unverwechselbare in Auswahl und Zubereitung – ob die Speisekarte nun Rochenflügel oder Hirschkalbsrücken, Perlhuhnbrust, gegrillte Jacobsmuschelen oder Müritzer Lamm mit Mispeln und Artischocken verheißt. Dazu ausgesuchte edle Weine – von Elbe und Mosel, aus Frankreich, Italien, Österreich oder der Neuen Welt, Champagner, heimische Gerstensäfte oder Drinks in vielfältigen Variationen. Verdienter Lohn kullinarischer Mühen ist die Auszeichnung des Chefkochs mit dem Michelin-Stern und dem großen Gourmetpreis als bester Koch Brandenburgs.

Auf der Sommerterrasse.

Der Hotelgast wird schon an der Rezeption »fürstlich« empfangen. Die Lobby, Mobiliar und Wände in freundlichen hellen Farben gehalten, lädt mit ihrem gemütlichen Ambiente und der kleinen Bibliothek zum Verweilen ein. Schlichte Eleganz, feine Stoffe und edle Hölzer prägen das Bild der 33 Zimmer und Suiten, die sämtlich über Internetzugang verfügen. Für kreativen Gedankenaustausch und gesellige Zusammenkünfte stehen Tagungs- und Banketträume, ausgestattet mit modernster Kommunikationstechnik, zur Verfügung. Fitnessraum, Sauna, Dampfbad, Solarium und Whirlpool, klassische oder Fußreflexzonenmassagen bringen Ausgleich und körperliche Entspannung.

Zum Hotel- und Restaurant-Ensemble Bayrisches Haus gehört seit 2006 auch die »Alte Försterei« – das ehemalige Forsthaus Südtor im Wildpark. Als gemütliches Ausflugslokal mit schönem Sommergarten hält es ein rustikales Speisenangebot zu kleinen Preisen bereit.

Gourmet-Restaurant Friedrich Wilhelm.

Relais & Châteaux Hotel Bayrisches Haus
Im Wildpark 1
14471 Potsdam
🚘 von Potsdam-Zentrum auf die B 1 Richtung Geltow
☎ 0331/550 50
📠 0331/550 55 60
💻 www.bayrisches-haus.de
✉ info@bayrisches-haus.de
🕓 Hotel durchgehend,
Gourmet-Restaurant Friedrich Wilhelm
Dienstag bis Samstag ab 19.00 Uhr,
Elisenstube
täglich 12.00 bis 14.00 Uhr und
18.00 bis 22.00 Uhr
Inhaber:
Bayrische Haus Touristik GmbH
Geschäftsführende Gesellschafterin:
Gertrud Schmack

Krongut Bornstedt

Am 1. Juni 2002 öffnete das Krongut Bornstedt nach dreijähriger aufwendiger Restaurierung und Rekonstruktion wieder seine Pforten. Der königliche Landsitz mit Herrenhaus und Lenné'schem Park, Kirche und Friedhof, Schulhaus, Amtshaus und Wirtschaftsgebäuden erhielt seine heutige architektonische Gestalt Mitte des 19. Jahrhunderts unter dem Preußenkönig Friedrich Wilhelm IV. (1795–1861). Nach einem verheerenden Brand ließ er es als sein »Italienisches Dörfchen« wieder aufbauen, erfüllte er sich seinen Traum von »Bella Italia« unter preußischem Himmel. Zum »Mustergut der Hohenzollern« avancierte es dann unter Kronprinz Friedrich Wilhelm (1831–1888), dem späteren deutschen Kaiser und seiner englischen Gemahlin Viktoria (1840–1901). Modernste Produktionsmethoden nach englischem Vorbild hielten damals Einzug in die Milchwirtschaft, die Hühnerzucht und die Verarbeitung landwirtschaftlicher Produkte. Heute kommen Tag für Tag zahlreiche Besucher in das nur 400 Meter vom Schloss Sanssouci entfernt und malerisch am Bornstedter See gelegene Krongut. In seinen Mauern erleben sie ein Stück preußischer Geschichte und können Glasbläsern, Handwebern, Kunstgießern oder Korbmachern zuschauen. Der verführerische Duft frisch gebackenen Brotes weist den Weg zur Hofbäckerei. Hier werden im mit Buchenholz gefeuerten originalen Backofen Landbrot, Kommissbrot, Brötchen und Blechkuchen nach alter Krongutrezeptur hergestellt. In der Hofbrauerei im einstigen Brau- und

Weinscheune Habel.

Italien unter preußischem Himmel: das Krongut in der Nähe von Schloss Sanssouci.

Im Hof-Brauhaus neben der Brennerei.

Hof-Brauerei.

Brennhaus entsteht in den kupferblitzenden Kesseln ein vortreffliches obergäriges Braunbier, das »Bornstedter Büffel« – ganz in der Bornstedter Brautradition, die hier seit 1689 zu Hause ist. Die Brennerei liefert Williamsbirne und Kartoffelschnaps, einen Bornstedter Weinbrand und sogar einen Spargelschnaps, ein ausgesprochenes Unikum unter den Hochprozentigen.

Am besten schmeckt solcher Trank wohl in dem Hof-Brauhaus direkt neben der Brennerei (140 Plätze) bei einem deftigen Brandenburger Gericht aus der Hofküche, vielleicht einer geschmorten Schweinshaxe, einem Riesen Stielkotelett vom Saarower Kräuterschwein oder einer Beelitzer Bachforelle. Blankgescheuerte Holztische und -bänke unter wuchtigem originalen Kreuzgewölbe, schmiedeeiserne Kronleuchter, Gemälde und alte Stiche an den Wänden bis hin zu preußischen Uniformstücken geben dem Raum ein stilvolles und urgemütliches Ambiente. Wer eher an einer geschlossenen Veranstaltung interessiert ist, findet in der Weinscheune Habel mit Seeterrasse ein phantastisches Ambiente für private und geschäftliche Feiern (140 Plätze). An die 320 Rebsorten vornehmlich aus deutschen, aber auch europäischen Landen und aus Übersee bietet der Sommelier seinen Gästen, dazu einen deftigen märkischen Imbiss. Liebhaber süßer Sachen kommen im Café Victoria (30 Plätze) bei Petit fours oder einer hoftypischen Preußentorte voll auf ihre Kosten. In den Fischerhütten am See (200 Plätze) werden eigene Krongutprodukte, gegrillt oder geräuchert, angeboten – von der Bratwurst bis zum frisch gefangenen Fisch.

Das repräsentative Herrenhaus bietet in der ersten Etage weitere stilvolle Veranstaltungsräume für Feierlichkeiten aller Art, bei denen Chefgastronom Michel Kalina, einer der jüngsten Küchenleiter Potsdams, der den »märkischen Herd« ebenso beherrscht wie die »kaiserliche Tafel«, phantasievolle Kreationen mit kleinen Showeffekten präsentiert.

SCHLOSS
WACHENHEIM
EDITION
Exklusivität aus dem
Sekt-Schloss
SCHLOSS
WACHENHEIM
DAS SEKT-SCHLOSS
EDITION NR.1
SCHLOSS
WACHENHEIM
Traditionelle Flaschengärung
Crémant Pfalz
BRUT
SEKTKELLEREI SCHLOSS WACHENHEIM AG, WACHENHEIM

Weinverkostung in der Weinscheune.

Das Krongut Bornstedt – so die Philosophie von Geschäftsführer Cees Zonneveld – ist wie eine große Bühne, auf der sich Geschichte und Gegenwart die Hand reichen. Sie lebt von geeigneten Inszenierungen. Entsprechend weit gefächert ist das Repertoire der Veranstaltungen: Es reicht vom Krongut-Hoffest mit großem Wasserfeuerwerk im Herbst über die »Kaiserliche Teezeremonie«, Sommer-, Erntedank-, Blumen- und Weinfeste bis zu Ausstellungen und Banketten, Tagungen und Präsentationen. Warmherzigen »obrigkeitlichen« Segen finden Hochzeitspaare im Standesamt des Herrenhauses, kirchliche Weihen am Traualtar in der gegenüberliegenden Gutskirche.

Brennerei.

Krongut Bornstedt
Ribbeckstraße 6–7
14469 Potsdam
nahe Schloss Sanssouci
0331/55 06 50
0331/550 65 15
www.krongut-bornstedt.de
info@krongut-bornstedt.de
Krongut täglich ab 10.00 Uhr und nach Vereinbarung (auch Führungen)
Gastronomie täglich ab 12.00 Uhr
Inhaber:
Krongut Bornstedt Parkgesellschaft mbH
Geschäftsführender Gesellschafter:
Cees Zonneveld
Gesamtgastronomischer Leiter: Michel Kalina

Restaurant Bäkemühle

Jahrhunderte lang erfüllten Wassermühlen ihren Zweck und mahlten das Korn zu dem täglichen Brot. Doch mit dem technischen Fortschritt wurden sie überflüssig. Zum Glück für heutige Zeitgenossen wandelten sich viele zu romantischen Restaurants. Sie wahrten ihre einstige Bestimmung nunmehr auf gastlich-kulinarische Weise. So wie die Bäkemühle in Kleinmachnow.

Die originale Sandsteintafel im Treppenhaus gibt davon Kunde, dass anno 1695 ein Spross des Adelsgeschlechts derer von Hake, das um 1400 ganz Kleinmachnow erwarb, »diese Adeliche Frey Mühle ... ganß Neue erbauet, weil die alte ganß zerfallen war«. Deren geschichtliche Wurzeln nämlich gehen bis in die Mitte des 14. Jahrhunderts zurück. Mehrfach veränderte sie in den vergangenen Epochen ihr Gesicht, besonders nach Verwüstungen durch napoleonische Truppen, die hier kampierten, bevor sie nach der verlorenen Schlacht um das nahe gelegene Großbeeren 1813 ruhmlos abziehen mussten. Danach rekonstruiert, erhielt die Mühle schließlich 1856 ihr charakteristisch neugotisches Gepräge. Bis in die DDR-Zeit war sie in Betrieb, wenngleich das imposante Mühlenrad am Haus längst schon nicht mehr klapperte, weil es dem Dampfbetrieb weichen musste und das Flüsschen Bäke mit dem Bau des Havel und Spree verbindenden Teltow-Kanals langsam versandete. Dank einer Initiative der Gärtnerischen Produktionsgenossenschaft »Alpina« wurde noch in den letzten DDR-Jahren die geschichtsträchtige Wassermühle aufwendig restauriert und in das Gewand einer beliebten märkischen Ausflugsgaststätte gekleidet.

Schon äußerlich zieht der massige Backsteinbau – im reizvollen Kontrast mit den fünf eher grazil wirkenden Giebeln – die Blicke auf sich. Über einen hölzernen Steg direkt über dem Mühlenrad gelangt der Gast auf eine malerische Terrasse mit Steinbrüstungen und Kandelabern (150 Plätze), von der aus sich ein phantastischer Blick auf die unterhalb gelegene Parklandschaft um den Bachlauf der Bäke eröffnet. Im Haus selbst laden zwei miteinander verbundene, anheimelnd gestaltete Mühlenstuben zum gastlichen Verweilen (40 Plätze). Das

Stolz präsentiert »Mühlenwirt« Ronny Pietzner sein romantisches Anwesen.

Die Bäkemühle liegt versunken in einer reizvollen Parklandschaft um den Bachlauf der Bäke.

intime Kaminzimmer (12 Plätze) ist kleinen Gesellschaften vorbehalten, die sich an lodernden Holzscheiten bei einer Feuerzangenbowle oder einem herzhaften Fondue erfreuen. Der vornehm gehaltene »Palas« im Obergeschoss mit Holzverkleidung, Seidentapeten und Rokokospiegeln ist ideal geeignet für Feste, Hochzeitsfeiern und Geschäftstreffen, Tagungen und Empfänge (80 Plätze).

2006 hat die Stafette der Mühlenwirte ein wahrer Meister der Kochkunst und Tafelkultur übernommen: Ronny Pietzner. Im selben Jahr bei den Weltmeisterschaften in Singapur als Teamchef der Deutschen Köche-Nationalmannschaft als Sieger hervorgegangen, prägt er mit seinem Team die gastliche Visitenkarte des Hauses. Eine allzeit frische regionale und saisonal betonte deutsche Küche ist Trumpf mit Produkten von hiesigen Erzeugern aus Stall und Feld, Wald und Wasser. Das bekannte Wort vom »Auge, das mit isst« wird hier zum Qualitätsanspruch einer auch optisch anspruchsvollen Tischkultur. Märkische Wild- und Fischgerichte, Beelitzer Spargel oder die schon von Goethe und Napoleon hochgerühmten Teltower Rübchen, phantasievoll kreierte Tafeln mit Havelzander, Saalower Kräuterschwein oder Linumer Weidelamm finden ungeteilten Zuspruch der Gäste. Wer etwa aus der vielgestaltigen Vorspeisenkarte die ungewohnt anmutende Senfsuppe auswählt, eine helle Cremesuppe mit Dijon- und Bautzener Senf sowie Curcuma, einem indischen Gewürz, wird sie ob ihres köstlichen Geschmacks garantiert wieder bestellen. Ein lukullisches Erlebnis der besonderen Art sind genussvolle Einblicke in die preußisch-königliche Hofküche, sind Speisen und Menüs nach altüberlieferten Rezepten, die der Maître ausgegraben und publiziert hat und die er hier in der Bäkemühle interessierten Gästen stilvoll serviert. Eine sympathische Referenz gewiss an die »gleich um die Ecke« liegende ehemalige preußische Residenz Potsdam, die mit über 20 Schlössern, allen voran Sanssouci, über das größte Park- und Schlossensemble nördlich der Alpen verfügt.

Übrigens findet der geschichtlich interessierte Besucher auch im Park der Bäkemühle Ruinen; darunter das pittoreske Eingangstor eines alten Schlosses, das der königliche Baumeister David Gilly, Lehrer Karl Friedrich Schinkels, um 1800 als Domizil für die adligen Hakes erbaute. Das heute als Hakeburg bekannte Anwesen auf dem Plateau des unweit gelegenen Seeberges, das einer Hotelgesellschaft gehört, entstand 1908 als Herrensitz eines späteren Hake-Sprosses im historisierenden mittelalterlichen Burgenstil.

Restaurant Bäkemühle
Zehlendorfer Damm 217
14532 Kleinmachnow
A 115, Abzweig Kleinmachnow
033203/780 08
033203/780 73
www.baekemuehle.de
info@baekemuehle.de
täglich ab 11.30 Uhr
Betreiber: Ronny Pietzner

Gaststätte Baumgartenbrück

Berühmt machten Geltow – eines der reizvollsten und zugleich mit über 1 000 Jahren ältesten Haveldörfer – die Brücke und ihr Gasthaus. Hier führte schon im Mittelalter der Personen-, Güter- und Postverkehr über die Havelenge zur »Insel« Potsdam – erst über eine mit Pferdeschädeln befestigte Furt (slawisch »Weher zu Bomgarde«), dann ab 1675 über eine hochklappbare Holzbrücke, die schließlich 1910 von einer modernen Stahlbogenbrücke abgelöst wurde. Und überall, wo solche Nadelöhre bei wichtigen Verkehrswegen bestanden, kassierte der Fiskus kräftig ab – in Baumgartenbrück einen saftigen Flusszoll. Was des einen Leid, ist des anderen Freud – sagt der Volksmund. Zum Zollhaus gesellte sich alsbald um die Mitte des 18. Jahrhunderts eine Gastwirtschaft. 1826 wurde das Brückenwärterhaus von Johann Josef Herrmann, dem Stammvater der heutigen Besitzer, für 5005 Taler erworben. Schnell wurde es zum beliebten Treff der Kahnfährleute und ihrer Gäste, ja von Prominenten jeder Coleur in jener Zeit. Schließlich war das auch kein Wunder bei dem Gastgeber, der sich rühmen konnte, in seinen Jugendjahren zur legendären Truppe der »Langen Kerls« des Preußenkönigs gehört zu haben. In der Heimatstube des Hauses, von Großmutter Herrmann liebevoll eingerichtet, finden sie sich in Chroniken und alten Gästebüchern verewigt: die Bismarcks und Schulenburgs, Wartenbergs und Itzenplitz, die Gebrüder Grimm und die Humboldts, Bettina von Arnim, Clemens Brentano und der »Romantiker von Baumgartenbrück«, Freiherr von Meusebach, dessen reiche Literatur- und Autographensammlung den Grundstock der Berliner Staatsbibliothek bildete. Und im Jahre 1809 biwakierte am Haus sogar Freiherr Ferdinand von Schill mit seinen Husaren, bevor er nach Stralsund zog und dort im Kampf mit den napoleonischen Truppen den Tod fand. Die Schill-Linde gleich hinter der Gaststätte erinnert an jenes Ereignis.

Der Schwielowsee.

Gasthaus Baumgartenbrück am Schwielowsee.

Historische Fotos und alte Stiche erinnern an seine facettenreiche Geschichte.

Fisch aus Havel und Schwielowsee gehört zu den Spezialitäten des Hauses.

Eingedenk solch berühmter und familiengebundener Tradition führen Beatrice und Frank Herrmann heute in sechster Generation das geschichtsträchtige Gasthaus. In den DDR-Jahren als Kindergarten und -ferienlager genutzt, öffnete es nach grundlegender Restaurierung und Sanierung im Mai 1991 seine Tore und empfängt seitdem wieder Gäste. Wenn Fontane seinerzeit Baumgartenbrück als »Brühl'sche Terrasse am Schwielowsee« rühmte, so hatte er dabei wohl stets den baumbewachsenen mächtigen Uferwall und das davor liegende imposante, an einen brandenburgischen Gutshof erinnernde Gasthaus aus rotem Backstein vor Augen, »überdacht« gleichsam von uralten hohen Linden und Kastanienbäumen mit ihren weitausladenden Kronen.

Gemütlichkeit und familiäres Flair verbreiten die beiden rustikal eingerichteten Gaststuben (80 Plätze) und die historischen Fotos, alten Stiche und Landschaftsimpressionen an den Wänden machen neugierig auf das Haus und seine Geschichte. An schönen Tagen lockt der Restaurant-Garten (60 Plätze) mit weitem Blick auf den Schwielowsee und die vorbeigleitenden Boote und Dampfer. Hier kommen alle Köstlichkeiten, die das Havelland zu bieten hat, auf den Tisch: frisch gefangener Fisch aus der Havel und dem Schwielowsee, Wildbret aus der waldreichen märkischen Heide, Beelitzer Spargel und die berühmten Obstweine aus dem benachbarten Werder – vom Erdbeer- über Kirsch- bis zum Johannisbeerwein. Fehlen darf natürlich nicht, was schon »Brückenwärters Leibgericht« war: ein deftiger Kasslerbraten mit Bratkartoffeln und Sauerkraut, alles hausgemacht, versteht sich.

So verträumt der kleine Ort auch heute noch erscheinen mag – Brücken hat Geltow schon immer geschlagen zu seiner näheren und weiteren Umgebung, und das nicht nur über die Havel. So waren es »Funkbrücken« zu Beginn des 20. Jahrhunderts durch die hier errichtete Funkstation. Mit ihnen konnten 1910 die ersten Überseetelegramme in Deutschland empfangen werden und Geltow avancierte zum »Ohr der Welt«.

Gaststätte Baumgartenbrück
Baumgartenbrück 4/5
14542 Geltow
A 10, Abfahrt Werder auf die B 1, in Geltow unterhalb der Baumgartenbrücke direkt am Schwielowsee
03327/552 11
www.baumgartenbrueck.de
baumgartenbrueck@arcor.de
Dienstag bis Sonntag ab 12.00 Uhr
Montag Ruhetag
Inhaber: Beatrice und Frank Herrmann

Gotisches Haus

Kronprinzessin Luise von Mecklenburg-Strelitz konnte es einst kaum erwarten, dass es nach Paretz geht, wie sie im Mai 1797 ihrem Vater schrieb. Das war einen Monat nach dem Richtfest am Schloss. David Gilly, Preußens genialer Architekt vor der Schinkel-Ära, hatte es für das Kronprinzenpaar Friedrich Wilhelm III. und Luise, die spätere legendäre preußische »Königin der Herzen«, in ländlicher Abgeschiedenheit errichtet. Es war ein schlichter Herrschaftssitz im frühklassizistischen Stil. Das herrschaftliche Paar wollte es so – Luise und ihr Gemahl liebten die Idylle des Landlebens und den ungezwungenen Umgang mit der Dorfbevölkerung.

In Paretz entstand ein ganzes Dorf neu – mit Schloss, Wirtschaftsgebäuden und Kirche, schmucken Bauern- und Kossätenhöfen statt der alten schilfgedeckten Katen und einem Landschaftspark nach englischen Vorbild. Schon früh galt der Ort als Muster der Landbaukunst in Preußen, und das einheitlich gestaltete frühklassizistische Bauensemble steht heute als Gesamtkunstwerk unter Denkmalschutz. Darin auch das Gotische Haus, das auf dem Reißbrett von David Gilly entstand und heute eine viel besuchte romantische Gaststätte ist. Zusammen mit dem Schloss wurde es seinerzeit als königliche Schmiede gebaut. Mit seinen markanten hohen Spitzbogenfenstern – ganz im Einklang mit dem neogotischen Turm- und Querschiffanbau der gegenüberliegenden Dorfkirche – sucht es im Havelland wohl seinesgleichen. Kaum ein Besucher vermutet beim Anblick des ungewöhnlichen Hauses, das wie eine kleine flachgestreckte Kathedrale wirkt, dass hier dereinst die königlichen Rösser stampften und beschlagen wurden. Die ehemalige Schmiede ist nun schon seit 100 Jahren weit und breit als beliebte Ausflugsgaststätte bekannt

Das Gotische Haus wurde einst als königliche Schmiede erbaut.

Biergarten vor dem Gotischen Haus.

Das Schloss Paretz diente zu DDR-Zeiten als landwirtschaftliche Hochschule.

und wird bereits in der vierten Generation in Familienbesitz geführt. Nur ein paar Requisiten, Pferdehalfter und Hufeisen erinnern in dem gemütlichen, in dunklem Holz gehaltenen Schmiederestaurant (60 Plätze) an die frühere Funktion des Gebäudes. Der Saal (70 Plätze) wird gern für Festlichkeiten aller Art, Tanzveranstaltungen und Faschingsbälle genutzt.

Wie zu Luisens Zeiten ist ländlich-schlichte Gastlichkeit Trumpf. In den Räumen der gotischen Schänke und seinem malerischen Hofgarten (120 Plätze) unter hohen Kastanien mit Blick auf Schloss und Kirche wird nach altmärkischer Gepflogenheit getafelt, deftig und bodenständig mit frischem Fisch aus der Havel und Wildbret aus dem nahen Revier. Die nach Art des Hauses zubereitete Schleie blau zum Beispiel mit Meerrettichcrème, Kräuterbutter und Petersilienkartoffeln gilt als gefragter Leckerbissen. Und was kaum ein Liebhaber süßer Sachen versäumt: den Zupfkuchen nach einem »Geheimrezept« von Königin Luise – ein Backwerk auf Schokoladenboden mit Quarkaufsatz und Sahnehäubchen.

Das Schloss, zu DDR-Zeiten als landwirtschaftliche Hochschule und Institutsgebäude für Tierzucht genutzt, wurde in den letzten Jahren umfassend restauriert und als Museum eingerichtet. Der Besucher erhält Einblick in die Zeit des Klassizismus um 1800 und die Lebens- und Wohnwelt des königlichen Paares. Ein Glanzstück der Arbeit der Schlossrestauratoren und bewundert von Kennern: die berühmten Papiertapeten, bemalt und bedruckt mit floralen und exotischen Motiven. Und stets lockt das Gotische Haus vor oder nach erlebnisreichem Ausflug in und um das Haveldorf zur Einkehr am »Herdfeuer«, das längst schon das einstige »Schmiedefeuer« abgelöst hat.

Gotisches Haus
Parkring 21
14669 Paretz
A 10, Abfahrt Potsdam-Nord auf die B 273 nach Paretz
033233/805 09
www.gotisches-haus-paretz.de
gotisches-haus@web.de
täglich ab 11.00 Uhr
Montag Ruhetag
Inhaberin: Michaela Rottmann

Zum 1. Flieger

Manche bekannte Einkehrstätte ist nicht so sehr durch ihren Gastwirt oder Namensgeber als viel mehr durch ihre Besucher zu Berühmtheit gelangt. Der Weimarer Weiße Schwan zum Beispiel, in dem Goethe Stammgast war, oder Berlins Letzte Instanz, in der Heinrich Zille regelmäßig seine Molle trank.

So verhält es sich mit dem Gasthof Zum 1. Flieger in Stölln. Mitte des 19. Jahrhunderts war es noch der Krüger-Krug – benannt nach seinem ersten Gastwirt. In die Geschichte eingegangen aber ist das Haus mit dem Mann, den man als den »märkischen Ikarus« verehrt: Otto von Lilienthal (1848–1896), jenen »Ersten Flieger«, der die Menschheit ihrem ewigen Traum vom Vogelflug ein Stück näher brachte. Hier in Stölln, vom Gollenberg aus mit seiner idealen Thermik unternahm er in den Jahren 1893–1896 mit selbstgebauten Flugapparaten, den heutigen Drachenseglern ähnlich, erfolgreiche Flugversuche in 15 bis 20 Metern Höhe und bis zu 350 Metern Weite. Der Landgasthof war ihm dabei jahrelang willkommene Heimstatt. Bei Minna Herms fühlte er sich zu Hause, wurde umsorgt und betreut. Ja, in den Scheunen konnte er sogar seine Flugapparate einlagern. So wurde ein einfacher Dorfkrug zum ersten Hangar der Welt. Heute ist er aber auch eine Stätte der Erinnerung an die letzten Stunden des Pioniers der Luftfahrt, der nach seinem tragischen Absturz am 9. August 1896 an einem Halswirbelbruch verstarb.

Nicht nur die Gedenktafel an dem Landgasthof erinnert an einen Großen der Fluggeschichte. Lilienthal ist hier allgegenwärtig – in den Räumen und in vielfältigen originalen Erinnerungsstücken. Im Saal des Gasthofs (bis zu 100 Plätze) können der Nachbau eines seiner Flugapparate wie auch zahlreiche Patente des begabten Erfinders und Inhabers einer Berliner Maschinenfabrik bewundert werden. Hier treffen sich oft Segelflieger, Piloten, flugbegeisterte

Gasthaus und Hotel in Stölln erinnern an den Flugpionier Otto von Lilienthal.

Die Gasträume verbreiten das wohnliche Flair einer »guten Stube«.

Gäste aus vielen Ländern etwa zu den jährlichen Otto-Lilienthal-Tagen in der ersten Augustwoche mit Flugvorführungen, Ballonfahrten und Drachenflügen. Auch in den beiden gemütlichen Gasträumen (je 20 Plätze), der Bauernstube und dem Lilienthalzimmer – der ehemals »guten Stube« von Minna Herms –, erzählen Fotos, Zeichnungen und Dokumente von der Pionierzeit des Fliegens. Selbst die Speise- und Getränkekarte erweist dem einstigen berühmten Hausgast Referenz – sehr zum Vergnügen der vielen Besucher des Gasthofs: der »Aerodynamische Flugteller« etwa, eine deftige Grillplatte mit Rind-, Schwein- und Hähnchenfleisch, Kidney-Bohnen, hausgemachten Bratkartoffeln, gerösteten Zwiebeln und Kräuterbutter. Oder der »Flieger-Cocktail« – von Null Promille mit Orangensaft bis zu einem raffinierten Mix mit Wodka – selbstverständlich nicht für die Crew. Produkte und Zutaten an Herd und Pfanne kommen von Bauernhöfen, Fischern und Jägern aus dem Rhinower Land. Eine wohltuende Atmosphäre familiärer Betreuung, wie sie schon Otto von Lilienthal empfunden haben mag, umgibt den Gast.

Gut beraten waren die Gastwirtsleute, als sie in den neunziger Jahren im früheren Heuboden ein kleines Hotel mit zehn Komfortzimmern im behaglichen Landhausstil einrichtete. Die Logiergäste erleben bei Wanderungen, Kremserfahrten und Reittouren die Landschaft des Westhavellands, des größten Brandenburger Naturparks, und sein Ländchen Rhinow mit typischen märkischen Dörfern und Bauerngehöften, alten Feldsteinkirchen, Burgen und Schlössern. Im größten Gestüt Deutschlands in Neustadt/Dosse mit Kutschenmuseum werden sie vielleicht Zeuge einer der eindrucksvollen Hengstparaden. Das Heimatmuseum in Großderschau ein Stück nordwestlich von Stölln erzählt von der Kultivierung des Rhinluchs und Dossebruchs im 18. Jahrhundert. Und natürlich stößt man immer wieder auf Lilienthal und sein Lebenswerk in und um Stölln. Seine »Flugjünger« nutzen den ältesten Flugplatz der Welt auch heute noch als Segelfluggelände. Die »Lady Agnes« – eine ausrangierte IL 62 – ist viel besuchte Lilienthal-Gedenkstätte und Standesamt zugleich.

Zum 1. Flieger
Otto-Lilienthal-Straße 7
14728 Stölln
A 10, Berliner Ring, Abfahrt Berlin-Spandau auf die B 5 über Nauen, Friesack nach Stölln
033875/300 00 | 304 34
033875/300 20
www.zum-ersten-flieger.de
zum-ersten-flieger@onlinehome.de
Hotel durchgehend
Restauration täglich ab 11.00 Uhr
Inhaberin: Claudia Blume

Ritterhof

Eine Mumie ist's, die Schaulustige von überall her nach Kampehl zieht und die kleine Prignitzgemeinde weithin bekannt gemacht hat: die des Ritters Christian Friedrich von Kahlebutz. Fast unversehrt ruht sie nun schon bald 300 Jahre in der Gruft der kleinen Wehrkirche des Ortes, ohne dass sie wie zu Pharaos oder auch noch zu Lenins Zeiten einbalsamiert worden wäre. Da die Wissenschaft bis heute keine Erklärung dafür findet, muss die Legende herhalten. Und die besagt: Kahlebutz war ein schnöder Mordgeselle. Einer seiner Untergebenen, ein Schäfer aus Bückwitz, war sein Opfer, weil dieser dem Gutsherrn das Recht der ersten Nacht mit seiner Auserwählten verweigert hatte. Vor Gericht schwor Kahlebutz den »Reinigungseid« und fügte sinnigerweise hinzu: »Bin ich es doch gewesen, dann soll mein Leichnam im Grab keine Ruhe finden und niemals verwesen.«

Schnell vergißt der Gast den Anblick der Mumie bei einer Einkehr im Ritterhof mit Töpferhof und kleinem Landhotel, der in den neunziger Jahren in einer Dorfbrache mitten im Ort aus einer alten Scheunenanlage entstand. Auf alten Grundmauern steht ein malerisches Anwesen, gebaut im Stil märkischer Bauernhäuser mit Fachwerk und felsgemauertem Untergeschoss, Rundbogenfenstern und -türen. Als ausgesprochenes architektonisches Schmuckstück empfängt der Rittersaal (130 Plätze) seine Gäste, die dort in einem urigen Ambiente speisen können: unter preußischer Kappendecke und dunklem Balkenwerk, mit Lampen in Gestalt von Wagenrädern und Fackelleuchten an den Mauerwänden und inmitten von Ritterrüstungen, Schwertern und Spießen. So ist hier auch der rechte Ort für eine Reise ins Mittelalter, zu der der »Großmeister des Kampehler Ritterordens« von Zeit zu Zeit einlädt. Hof-

Landhotel und Restaurant entstanden aus einer alten Scheune.

Die Ritterbutze.

musikanten, Knappen und Burgfräulein, Hofschmiede und allen voran Mundschenke veranstalten dann ein vergnügliches Spektakel. Die Tische biegen sich unter der Last all der Schlemmereien einer naturverbundenen märkischen Küche, die hier tonangebend ist. Wenn dann die Humpen mit Frischgezapftem und rotem Landwein kreisen und die Mauern widerhallen vom Gesang »Ja so warn's die alten Rittersleut‹ «, würde der alte Kahlebutz wohl gern aus seiner Gruft steigen, um beim Höhepunkt des Abends, dem Ritterschlag, das »Zepter zu führen«.

Hingegen ganz gegenwärtig und ebenso höchst angenehm verweilen die Gäste in der Ritterbutze (35 Plätze) – einem anheimelnd gestalteten Dorfkrug – sowie im Töpferrestaurant und -café (55 Plätze), in dem sich alles »um die Töpferscheibe dreht« und das mit allerlei Keramik dekoriert ist. An schönen Tagen genießt der Besucher die urwüchsige dörfliche Idylle auf der Gartenterrasse am Froschteich (60 Plätze) oder im Grill- und Biergarten (60 Plätze) – mit Blick auf die kleine Feldsteinkirche sowie auf Koppeln und Weiden.

Der Ritterhof empfiehlt sich mit seinem Landhotel, das über 26 komfortable Gästezimmer und vier Ferienwohnungen verfügt, auch für einen längeren erlebnisreichen Aufenthalt. Für das körperliche Wohlbefinden sorgen ein Wellnessbereich mit Sauna, Solarium, mit Massageräumen, Friseur und einer gemütlichen »Kaminbutze« sowie eine eigene Sporthalle für Ballspiele aller Art und für turnerische Übungen. Zu empfehlen ist ein Ausflug zur 900-jährigen Plattenburg bei Kletzke in der Westprignitz, der ältesten und best-erhaltenen Wasserburg Norddeutschlands mit ihrem Restaurant Burgkeller in einem imposanten uralten Kreuzgewölbe unter einer barocken Kapelle. Nicht zu vergessen auch der Gasthof Zum alten Quitzow in Kletzke. Mit einer fast 600-jährigen Gastwirtstradition zählt er zu den ältesten in der Mark und hat die jahrhundertelange Herrschaft der Quitzows, die später als Raubritter gefürchtet waren, bei weitem überdauert.

Töpferrestaurant und -café liegen gleich gegenüber.

Rittersaal im Ritterhof.

Ritterhof
Kampehl 25b
16845 Neustadt/Dosse, OT Kampehl
A 24, Abfahrt Neuruppin auf die B 167 nach Kampehl
033970/138 54 oder 135 35
033970/157 50 und 139 36
www.ritterhof-kampehl.de
info@ritterhof-kampehl.de
Herberge durchgehend
Restauration täglich ab 10.00 Uhr
Inhaber: Familien Kort & Penno

Up-Hus-Idyll

Schon der ungewohnte Name macht neugierig. Erst recht, wenn der Besucher in dem verwirrenden Geflecht mittelalterlicher Gassen im Herzen Neuruppins das versteckt liegende gastliche Ensemble endlich entdeckt hat. »Up-Hus« ist seit über 300 Jahren ein »offenes Haus«: War es im 17. Jahrhundert eine Art »Sozialstation« und Herberge für unverschuldet in Armut geratene Familien, so ist es heute eine der beliebtesten touristischen Adressen des Ruppiner Landes und offen für Gäste von nah und fern. Das pittoreske Fachwerkhaus bezaubert durch seine bis ins Detail gewahrte Originalität, die offene rundum laufende obere Galerie mit gemütlichen Appartements im Bauernhausstil, zu erreichen über eine hölzerne Außentreppe, und vor allem die niedrige, langgestreckte Gaststube (45 Plätze) mit bis zur Decke reichendem wuchtigen Balkenwerk, das den Raum zugleich in kleine Séparées teilt. Er ist ausgestattet mit rustikalem Mobiliar und geschmückt mit Gemälden einheimischer Künstler vom seen- und waldreichen Ruppiner Land.

Von Up-Hus aus fällt der Blick auf ein eher neuzeitlich wirkendes Gebäude mit dem zunächst rätselhaften Namen »Zum Alten Siechenhospital« und auf die angrenzende kleine gotische Kapelle St. Laurentius, das Ganze gruppiert um einen romantischen Hofgarten (50 Plätze), wind- und sonnengeschützt, umrankt von Blumen und Büschen. Hier taucht der Besucher noch tiefer ein in längst vergangene Zeiten, ins späte Mittelalter, als hier von Klosterbrüdern und noblen Bürgersleuten das sogenannte »Nachtjacken-Viertel« gegründet wurde. Gemeint waren Hospitäler, die Arme, Kranke und hilflose Alte betreuten. Das Siechenhospital, mehrfach abgebrannt und neu errichtet, und die Hospitalkapelle stiftete anno 1490 der hiesige Waffenschmied Claus Schmidt, ein durch sein mildtätiges Wirken bekannter Zunftgenosse.

Im ältesten Fachwerkhaus Neuruppins verbirgt sich ein romantischern Gasthof.

Gaststube, Gästezimmer und Kapelle bilden das malerische Ensemble vom Up-Hus-Idyll.

In heutiger Zeit ist an die Stelle sozialfürsorglichen Waltens das Wohl und Wehe der zahlreichen Gäste getreten, die hier einkehren, der Urlauber, Touristen und Durchreisenden, die im Hotel Zum Alten Siechenhospital Logis nehmen, in einem der mit allen modernen Annehmlichkeiten versehenen 16 Gästezimmer und Suiten oder in einem der drei Appartemens in Up-Hus, die in ihrer Ausstattung noch die Atmosphäre des 17. Jahrhunderts verströmen.

Zu danken ist die gastliche Renaissance des Ortes mit erlebbarer Geschichte der hiesigen passionierten Gastronomin Gabriele Lettow, die das Anwesen in den 90er Jahren unter Wahrung seiner Originalstruktur zu einem gastlichen Juwel herausgeputzt hat – belohnt 1996 mit dem »Preis der Karl-Friedrich Schinkel-Gesellschaft« für vorbildliche denkmalpflegerische Restaurierung. Wer hier einkehrt oder sich für einige Tage niederlässt, weiß sich familiär aufgehoben und gastronomisch vorzüglich betreut. »Weniger – aber gut« ist die Devise einer modernen leichten Küche mit frischen Produkten aus der Region. Ein Renner der Speisekarte: die »Up-Hus-Pfanne« mit Schweinerücken, Ei, Grilltomate und hausgemachten Bratkartoffeln. Oder Fisch aus heimischem Gewässer, zum Beispiel gebratenes Zanderfilet auf gebutterten Chicoreeblättern. Zum leiblichen Vergnügen gesellt sich kultureller Genuss bei Orgelkonzerten, Kammermusik und Jazz in der kleinen Kapelle, die gern auch für standesamtliche Trauungen, Feiern und andere Festlichkeiten genutzt wird (bis zu 110 Personen).

Gäbe es heute noch den legendären »Neuruppiner Bilderbogen«, die erste farbillustrierte Zeitung, die in den Jahren 1810 bis 1937 mit 22 000 Bildmotiven Neuruppin weltbekannt machte – das gastliche Viertel nähme darin gewiss einen Ehrenplatz ein. Am Ufer des Ruppiner Sees gelegen, sind die schönsten landschaftlichen und historischen Sehenswürdigkeiten der 750-jährigen Stadt gleichsam im Handumdrehen zu erreichen. Erhält die »Perle der Mark Brandenburg« allein durch ihre großen Söhne Theodor Fontane und Karl Friedrich Schinkel bleibenden Glanz, deren Andenken mit Museen und Denkmälern liebevoll bewahrt wird, so ist die aufwendig restaurierte historische Innenstadt mit ihren Bürgerhäusern, dem schlossähnlichen Alten Gymnasium und der doppeltürmigen Dominikaner-Klosterkirche St. Trinitatis eine Augenweide und ein bleibendes urbanes Erlebnis. Durch das »Tor zur Ruppiner Schweiz« pilgern jährlich viele tausend Touristen, um eine der schönsten Ecken Brandenburgs mit ihren ausgedehnten Forsten und Seen, Schlössern und stillen Dörfern kennenzulernen.

Up-Hus-Idyll
Siechenstraße 4
16816 Neuruppin
A 24, Abfahrt Neuruppin-Süd
03391/39 88 44
03391/65 20 50
www.up-hus.de
lettow@up-hus.de
Hotel durchgehend
Restaurant Up-Hus
Januar bis März täglich ab 17.00 Uhr,
Wochenende ab 12.00 Uhr
April bis Dezember
Dienstag bis Sonntag ab 12.00 Uhr,
Montag ab 17.00 Uhr
Inhaberin: Gabriele Lettow
Restaurant-Pächter: André Koch

Schlosshotel Rheinsberg

Der zwar leicht ironisch gemeinte Prospekt-Anspruch des Hauses, den Gästen alles zu bieten nur die Zugspitze nicht, ist gleichwohl ein bisschen gewagt. Doch auch wenn wir uns auf hiesiges Terrain bescheiden – ein bleibendes Erlebnis ist Rheinsberg allemal. Da ist die Ruppiner Schweiz mit ihren Seen, Hügelketten und Wäldern. Da ist das immer noch ein wenig verträumte Städtchen, das Kurt Tucholsky in seiner anrührenden Romanze von Claire und Wölfchen im »Bilderbuch für Verliebte« literarisch verewigt hat. Und da ist vor allem das Rheinsberger Schloss, der Musenhof der Preußenkönige, die von Knobelsdorff 1734 bis 1740 geschaffene barocke Dreiflügelanlage mit dem sie umgebenden englischen Park. Zuerst vier Jahre Wohnsitz von Kronprinz Friedrich, dem späteren »Friedrich dem Großen«, dann Residenz seines 14 Jahre jüngeren Bruders Heinrich bis zu dessen Tod 1802, war das Schloss stets auch eine Stätte der schönen Künste, von den königlichen Hausherren gepflegt und gefördert. Die heutigen Veranstaltungen der Rheinsberger Kammeroper und der Musikakademie stehen ganz in solcher Tradition. Und auch die Kurt-Tucholsky-Gedenkstätte im Schloss, die die Erinnerung an Leben und Werk des Schriftstellers und Pazifisten (1890–1935) wach hält, beruft sich darauf.

Doch was wäre Rheinsberg ohne seine Gastlichkeit. Ein Name steht stellvertretend dafür: das Schlosshotel. In Titel und Gestalt macht es seinen Anspruch deutlich, friederizianische Noblesse mit klassizistischer Tradition einer Rheinsberger Stadtvilla des vorigen Jahrhunderts zu verbinden. Die Liaison ist in den neunziger Jahren trefflich gelungen – mit dem aufwendigen Um- und Ausbau der ehemaligen HO-Gaststätte zum Schlosshotel. Es steht auf uralten Fundamenten. Vor 600 Jahren als Umspannstation für

Das Schlosshotel

Fontanezimmer.

Historisches Restaurant Palais.

Schloss Rheinsberg.

Bar im Schlosshotel.

Im mediterran gestalteten Innenhof lässt sich kulinarisches mit kulturellem Erleben gut verbinden.

Pferdefuhrwerke errichtet, machte das Gebäude zu Friedrichs Zeiten dem von Knobelsdorff gestaltete königliche Gästehaus Platz. Daran erinnert das historische Restaurant Palais (40 Plätze) mit originalen Säulenkapitellen und Stuckbögen, goldenen Spiegeln, Lüstern und Marmortischen. Licht durchflutetet das Atrium mit gemütlichen Sitznischen (10 Plätze), eine kleine Oase mit üppigem Grün. In dem mediterran gestalteten Innenhof (35 Plätze) kann der Gast kulinarisches Vergnügen verbinden mit kulturellen Events – Sommerabendkino oder kleinen Konzerten. Die architektonischen Übergänge im Haus sind kontrastreich und fließend zugleich bis hin zur Stadtterrasse (50 Plätze) mit schöner Aussicht auf Markt und Schloss.

Romantische Gemütlichkeit prägt auch die 29 Gästezimmer, Suiten und Appartements. Ungewöhnlich in Schnitt und Ausstattung, zum Teil mit Atrien und Gaubenfenstern versehen, ist die Liebe zum originalen Detail bis hin zum handgeknüpften Teppich oder der verschiedenfarbig gemusterten Tapete überall spürbar. Zum selbstverständlichen gastlichen Komfort gehören Bad/ Dusche, WC, TV, Telefon und eine Minibar a la carte. Großen und kleinen Festen, Tagungen und Seminaren bieten Salons für 10 bis 60 Personen einen stilvollen Rahmen.

Der Chefkoch verbindet Traditionsreiches und stets Frisches aus der Region mit der internationalen Nouvelle Cuisine zu phantasievollen Gerichten. Märkische Rustikalität an Herd und Pfanne wird dabei besonders gepflegt. Entsprechend bietet sich das Angebot von Herd und Pfanne in zwei Varianten dar: einer eher rustikalen von Kartoffelsuppe mit Speckstippe bis zu einem solchen Renner wie gebratene Kalbsleber mit Apfel-Zwiebel-Gemüse und Kartoffelpüree und einer zweiten Variante mit Menüauswahl für den besonderen, erwählten Geschmack – gebratener Müritz-Zander etwa auf Fenchel-Lauch-Gemüse mit Rosmarinkartoffeln und dazu als Vorspeise ein Carpaccio vom Hirsch aus dem Brandenburger Forst mit Rapunzelsalat und geriebenem Parmesankäse.

Schlosshotel Rheinsberg
Seestraße 13
16831 Rheinsberg
A 24, Abfahrt Neuruppin oder Wittstock nach Rheinsberg
033931/390 59
033931/390 63
www.schlosshotel-rheinsberg.de
info@schlosshotel-rheinsberg.de
Hotel durchgehend
Restauration täglich ab 11.00 Uhr
Inhaber: Familie Steinhage

Boltenmühle

Kein Geringerer als Kronprinz Friedrich, der spätere »Alte Fritz«, ließ sich zu dem ganz und gar unköniglichen Geständnis hinreißen: »Wahrlich, wenn ich nicht Herr von Rheinsberg wäre, möchte ich Müller von Boltenmühle sein.« Errichtet wurde sie 1718 direkt am Tornowsee in der Ruppiner Schweiz auf Geheiss seines Vaters, des »Soldatenkönigs«, als Schneidemühle. Der erste Besitzer Joachim Boldte aus Rathenow gab ihr den Namen. Wenngleich er von seinem König noch Fischerei- und Weiderechte erhielt, liefen die Geschäfte in jenen unruhigen und kriegerischen Zeiten schlecht. Zwangsversteigerung und häufiger Besitzerwechsel waren die Folge, bis der Mühlenbetrieb schließlich völlig zum Erliegen kam. Dafür erstand die Boltenmühle in den dreißiger Jahren des 20. Jahrhunderts als »Heim für Ausflügler und Erholungssuchende« neu und wurde bis zum Ende der DDR zu einer beliebten Ausflugsstätte. Nach einem verheerenden Brand 1992 – der Brandstifter ist bis heute nicht gefasst – wurde die Mühle dank der Initiative des Neuruppiner Bauunternehmers Ullrich Kaatzsch in weniger als einem halben Jahr getreu dem historischen Vorbild auf den alten Grundmauern neu errichtet.

Seit Pfingsten 1996 ist das ehrwürdige Mühlengehöft wieder Anziehungspunkt für viele Besucher von nah und fern. Hier können sie Natur mit allen Sinnen erleben – begleitet vom Klipp-Klapp-Gesang des Mühlrads mit über vier Metern Durchmesser am rauschenden Binenbach. Der fließt sogar »in Miniaturausgabe« über eine Felswand durch den Mühlengastraum (120 Plätze). Ob in der urgemütlichen Schänke mit rustikalem Mobiliar, alten Mühlenutensilien und holzgeschnitzten Sagenfiguren, im darüberliegenden oberen

Auf alten Grundmauern neu errichtet: die Boltenmühle.

Eine Miniaturausgabe des Mühlenbaches fließt durch den Gastraum.

Gemütliche Schänke mit rustikalem Mobiliar und Mühlenutensilien.

Restaurant für besondere Gesellig- und Festlichkeiten (120 Plätze) oder auf der Freiterrasse (300 Plätze) – Mühlenbach und -rad sind allgegenwärtig. Ebenso wie die Gastlichkeit der heutigen Mühlenköche, die ihre Besucher nach allen Regeln der Kunst verwöhnen. Ganz besonders mit einer bodenständigen märkischen Küche, die ihre Zutaten gewissermaßen »vor der Haustür« bezieht – ob frischen Fisch aus dem Tornow-See, Wildbret aus den nahen Wäldern oder Gemüse und Kräuter von umliegenden Beeten, Feldern und Höfen. So ist die saftig gedünstete Forelle an feinem Kaisergemüse ein Renner auf der Speisekarte, nicht minder die geschmorte Hirschkalbskeule zu hausgemachtem Kartoffelsalat. Und so mancher Gast lässt sich gern »behexen« von einer »Boltenmühler Hexenplatte« mit allerlei Fleisch- und Kartoffelspezialitäten. Vielleicht erscheint ihm dann sogar beim allzu reichlichen Genuss des »Hexenfeuers«, eines eigens hier ausgeschenkten 50-prozentigen Kräuterschnapses, die »Hexe von Boltenmühle«, die hier seit Urzeiten als verwunschene geldgierige Müllerin ihr Unwesen treiben soll.

Die Erbauer der neuen/alten Mühle waren gut beraten, vis-à-vis einen zweistöckigen Fachwerkbau als Bettenhaus zu errichten. In seinen 30 Appartements, Einzel- und Doppelzimmern, im Landhausstil gestaltet und mit allen Annehmlichkeiten versehen, kann sich der Gast wohl fühlen. Bringt er Zeit nicht nur für ein paar Stunden mit, kann er von hier aus die Ruppiner Schweiz mit ihrer Seenkette, den Tornow-See, den Kalksee, den Molchow-, Teetzen- oder den Zermützelsee erkunden. Zugleich ist die Boltenmühle der ideale Ausgangspunkt für einen Abstecher nach Neuruppin. Hier wurden der preußische Baumeister Karl Friedrich Schinkel (1781–1841) und der Romancier Theodor Fontane (1819–1898) geboren. Weltbekannt machte die Stadt auch der »Neuruppiner Bilderbogen«, die erste farbillustrierte »Zeitung«, von der zwischen 1810 und 1934 etwa 22 000 bunte Bildmotive mit Ereignissen des Alltags und des Weltgeschehens rund um den Globus gingen.

Boltenmühle
16818 Gühlen-Glienicke
A 24, Abfahrt Neuruppin-Süd, Landstraße nach Gühlen-Glienicke zur Boltenmühle
033929/705 00
033929/701 03
www.boltenmuehle.de
info@boltenmuehle.de
Hotel durchgehend
Restauration täglich ab 10.00 Uhr (Januar/Februar mit kl. Einschränkungen)
Inhaber: Dr. Ullrich Kaatzsch
Geschäftsführer: Frank Grothe

Fontanehaus

Er gab Fontanes berühmtem letzten Roman den Namen: der Stechlinsee nördlich Berlins, unweit von Rheinsberg gelegen. Das Wort »Stechlin« stammt aus dem Slawischen, wonach »Steklo« so viel wie Glas bedeutet. Wenn Theodor Fontane bei seinen Wanderungen durch die Mark den von ihm so gepriesenen See und den Menzer Forst aufsuchte, dann übernachtete er im Alten Dorfkrug. Er ist das heutige Fontanehaus, ein hell getünchter, schlichter Fachwerkbau. Die einstige Glasmacherschänke, deren Ursprung sich urkundlich auf das Jahr 1779 zurückverfolgen lässt, entwickelte sich mit der Stillegung der Glasöfen im 19. Jahrhundert und dem zunehmenden Fremdenverkehr zu einer mehrfach umgebauten und erweiterten Gastwirtschaft. Angelockt vom sagenumwobenen Stechlinsee, zu dem vom Haus aus ein romantischer Weg durch hohen Kiefernwald führt, und von Fontanes Landschaftsschilderungen finden hier jährlich viele tausend Gäste Entspannung in der Natur, dazu Gaumenfreuden in der gemütlichen reizvollen Gaststätte mit ihren beiden kleinen Räumen (70 Plätze). Die niedrigen Decken, blankgescheuerten Dielen und Lehmwände, zum Teil nur holzverkleidet und die Theke mit der kunstvoll verzierten Keramikschanksäule verrät die uralte Schanktradition des Hauses. Bei schönem Wetter genießt der Gast den Aufenthalt in einem Bier- und Weingarten (50 Plätze) unter einer uralten Linde.

Ganz oben auf der Speisekarte stehen Fisch aus heimischen Gewässern, Wild aus den umliegenden Forsten und schmackhafte brandenburgische Landeskost. Ob nun Hecht, Zander oder Maräne mit Kräutersoße, Kartoffeln und Salat, ob Hirschbraten mit Rotkohl und Semmelknödeln oder originaler Brandenburger Linseneintopf: Hier kann der Gast nach Herzenslust ganz wie zu Fontanes Zeiten und sogar nach Rezepturen des Romanciers speisen. An den

Der Stechlinsee.

Der alte Dorfkrug in Neuglobsow ist heute das Fontanehaus.

Gasträume im Fontanehaus.

Schriftsteller aus der Mark erinnert zum Beispiel der »Fontaneschmaus«: eine Rinderroulade gefüllt mit Speck und Porree an Burgundersoße und Porree-canapees. Im Brandenburger Landeswettbewerb um den besten Landgasthof stand das Fontanehaus nicht zuletzt Dank solcher Kreationen schon auf dem Siegertreppchen.

Nach Fertigstellung der Pension im Jahre 1995 mit fünf Appartements und fünf Doppelzimmern gewann das Haus an Attraktivität, an Gästen und Touristen. Dabei braucht der Hausherr nicht einmal gute Ratschläge für seine Besucher zu erfinden – sie prangen an den Längs- und Giebelseiten wie dieser Fontanevers: »An einem Sommermorgen / da nimm den Wanderstab, / es fallen deine Sorgen / wie Nebel von dir ab.«

Fontanehaus
Fontanestraße 1
16775 Neuglobsow
A 10, Abfahrt Birkenwerder auf die B 96 über Gransee nach Neuglobsow
☎ 033082/649-0
033082/649 21
www.fontanehaus.com
info@fontanehaus.com
Pension durchgehend, außer Monat November
Restauration täglich ab 10.30 Uhr
Oktober bis Ostern mittwochs geschlossen
Inhaber: Uwe Ramin

Schloss Ziethen

Kremmen, OT Groß Ziethen

Um Missverständnissen von vornherein vorzubeugen: Der legendäre preußische Reitergeneral Hans Joachim von Zieten, der unter Friedrich II. diente, hatte nicht hier, sondern ein Stück weiter westlich sein Landgut – in Wustrau, heute Sitz des Brandenburg-Preußen Museums. Auch ist Groß Ziethen nur ein kleines märkisches Straßendorf (vom Wendischen »Zita« = Getreide abgeleitet) und zählt nicht mehr als 250 Seelen. Dafür hat es ein berühmtes Schloss, das dereinst einem nicht minder populären preußischen Feldherrn gehörte: Fürst Gebhard Leberecht Blücher, bekannt als »Marschall Vorwärts«, der sich im antinapoleonischen Befreiungskrieg bei Leipzig und Waterloo hervorgetan hat. In der Folge ging es in den fürstlichen Gemäuern weniger militärisch, dafür umso kultivierter zu, als es im letzten Drittel des 19. Jahrhunderts adliges Domizil derer von Bülow wurde. Nach DDR-Interregnum mit Kindergarten, Schule und LPG-Kulturhaus nahm in den neunziger Jahren ein Spross aus der weit verzweigten Bülow-Dynastie, der auch der aus Brandenburg stammende Satiriker, Schriftsteller und Schauspieler Loriot angehört, die Stafette wieder auf. Unter dem Zepter der Familie von Thüngen (geb. v. Bülow) öffnete das jahrhundertealte Schloss nach umfassender Restaurierung 1997 seine Tore als Hotel und Restaurant.

Seitdem ist das in einen drei Hektar großen romantischen Park eingebettete Schloss das architektonische und gastliche Markenzeichen des Ortes. Der barocke Kernbau mit den beiden später angefügten markanten Seitenflügeln im neoklassizistischen Stil zeigt sich heute wieder im leuchtenden Farbenspiel, weniger märkisch, eher mit leicht südländischem Touch. Im tiefen Respekt vor seiner Geschichte, die bis ins 14. Jahrhundert zurück reicht, ist das Haus bis ins Detail originalgetreu wiedererstanden. Das Tonnengewölbe aus jener Zeit

Schloss Ziethen gehörte dem preußischen Feldherrn Blücher.

wird heute für Festlichkeiten und Kunstausstellungen genutzt. Im Erdgeschoss befinden sich drei historische Salons, eine Bibliothek mit Buchbeständen bis zur Decke und kunstvoller schmiedeeiserner Treppe, ein Kaminzimmer sowie der Bülow-Saal (insgesamt 150 Plätze). Die angrenzende Orangerie mit ihren lichten hohen Bogen-Sprossenfenstern dient als Restaurant (60 Plätze), bei Diners bietet es über 90 Gästen Platz. Die beiden Obergeschosse sind den 30 Hotel- und Gästezimmern vorbehalten, die individuell gestaltet sind und alle modernen Annehmlichkeiten besitzen, dazu ein Gästehaus mit 9 Appartments.

Historisches Tonnengewölbe.

Die stilvollen Räume von Schloss Ziethen werden von Urlaubern und Tagesgästen gern besucht und bieten sich auch für Tagungen, Empfänge und Festlichkeiten, Konzerte, Lesungen und Ausstellungen an. Die Philosophie der neuen Hausherrin verdient ungeteilten Respekt: »Wir wünschen uns«, so die aus München stammende Designerin Freifrau von Thüngen, »einen Ort zu schaffen, an dem freier Gedankenaustausch von Menschen mit verschiedener Einstellung aus Kultur, Wirtschaft und Politik möglich ist und der in diesem Sinne das Zusammenwachsen von Ost und West fördern möge.«

Märkischer Tradition ist auch die Küche des Hauses verpflichtet. Sie bietet ungewöhnliche Kreationen vom Kartoffeleintopf im Röstspeck, dem Fasanenfilet in Poularden-Safran-Hülle über die Schweinefiletmedaillons mit Ziegenkäse gratiniert bis zu Tomatengnocchis. Der Weinkeller hält Spitzengewächse der Anbaugebiete von Saale und Unstrut, von der Elbe, aus Rheinhessen oder sogar aus Kalifornien oder Südafrika bereit. Das Haus wurde inzwischen zum vierten Mal von Gault Millau ausgezeichnet.

Schloss Ziethen liegt inmitten noch weithin unberührter Natur zwischen Berlin, Potsdam und Rheinsberg. Das Niedermoorgebiet des Oberen Rhinluchs zählt zu den eindruckvollsten Kulturlandschaften Brandenburgs und ist ein Paradies für heute selten gewordene Vögel und Pflanzen, für Großtrappe, Birkhuhn, Kranich und den Storch.

Restaurant in der Orangerie.

Schloss Ziethen
16766 Kremmen, OT Groß Ziethen
A 24, Abfahrt Kremmen – Groß Ziethen
033055/95-0
033055/95-59
www.schlossziethen.de
info@schlossziethen.de
Hotel durchgehend
Restaurant täglich von 12.00 bis 21.00 Uhr
Inhaberin und Leitung:
Edith Freifrau von Thüngen

Restaurant Wallenstein

Wer am Markt von Angermünde in einem der ältesten Häuser, dem Restaurant Wallenstein, einkehrt, der befindet sich auf historischem Boden: Hier nahm auf dem Höhepunkt des Dreißigjährigen Krieges im Juni 1628 der mächtigste Feldherr der kaiserlichen und katholischen Liga, Albrecht von Wallenstein (1583–1634), Quartier und forderte von hier aus die Stralsunder Bürger zur Übergabe ihrer Stadt auf. Doch auch sein großer Gegenspieler, Schwedenkönig Gustav Adolf (1594–1632), weilte zeitweilig – 1631 – in Angermünde und dirigierte von hier aus die Bewegung seiner Truppen. Gebracht hat der unselige Krieg dem Land nur Tod und Verderben: von 2 000 Angermünder Einwohnern überlebte ihn nur jeder Zehnte. Wallenstein selbst, der für seinen Kaiser Mecklenburg, Holstein, Schleswig und Jütland eroberte, die Dänen vertrieb und 1632 die Schweden bei Lützen schlug, fiel schließlich selbst einem Mordanschlag aus den eigenen Reihen zum Opfer.

Glücklicherweise ergehen heute von den vielen Gästen des pittoresken roten Fachwerk-Eckhauses ganz andere Aufforderungen als seinerzeit das Wallenstein'sche Kapitulationsgebot an Stralsund, das die Speisekarte als historisches Indiz vermerkt. In den beiden Gaststuben (40 Plätze) finden sie Stunden der Entspannung und werden dabei huldvoll beäugt von spitzbärtigen Feldherren auf den Gemälden an den Wänden. Das Interieur ist den Zeiten stilvoll nachempfunden, als das Haus gut betuchten Bürgern, Kaufleuten und Handwerksmeistern als Wohnsitz diente. Der reich geschnitzte, mit farbigem

Restaurant Wallenstein am Marktplatz von Angermünde.

Bleiglas rundum verzierte Tresen zählt zu den eindruckvollsten Einrichtungsgegenständen.

Küche und Keller bieten vor allem heimische Speisen und Getränke von der Bauernbrotsuppe über den Schorfheider Hirschgulasch mit Waldpilzen bis zum saftigen Filetsteak vom Aberdeen-Angus-Rind aus dem benachbarten Gut Kerkow. Nicht nur während der »Uckermärker Nudelwoche« dreht sich alles um die »Nudel«, die seit 1716 hierzulande aus dem Speisezettel der Uckermärker nicht mehr wegzudenken ist und schlicht die Kartoffel meint. Die schmackhafte Knolle bereichert sogar die Getränkekarte mit dem »Angermünder Nudelschluck«, einem Kartoffelschnaps, der in der ausgehöhlten Kartoffel serviert wird und so auch am besten schmeckt. Und beim Genuss eines wohltemperierten »Angermünder Ketter-Bieres« denkt der Gast wohl kaum mehr an die grausamen Ketzerprozesse, durch die die Stadt bis ins 16. Jahrhundert als »Ketter-Angermünde« bekannt war.

Mit der liebevollen, historisch detailgetreuen Restaurierung des einst dem Verfall preisgegebenen Gebäudes in den neunziger Jahren durch den Angermünder Architekten Martin Krassuski ist die historische Altstadt um ein Schmuckstück reicher geworden. Diese hat bis heute den Charme einer 750 Jahre alten Ackerbürgerstadt bewahrt – vor allem dank umfassender Sanierung in jüngster Zeit. An schönen Tagen genießt der Besucher auf der Restaurant-Terrasse (80 Plätze) den Blick auf Markt und Marienkirche, die der höchste Feldsteinturm Brandenburgs (53 Meter) und eine der imposantesten Barockorgeln des Silbermann-Schülers Johannes Wagner zieren. Ein Stadtbummel führt vorbei an schönen Fachwerkhäusern, durch romantische Höfe und Gassen bis hin zum spätbarocken Rathaus.

Das Wallenstein-Zimmer ist mit Porträts berühmter Feldherren dekoriert.

Restaurant Wallenstein
Markt 23
16278 Angermünde
🚘 A 11, Abfahrt Joachimsthal nach Angermünde
☎ 03331/25 25 35
📠 03331/29 83 61
💻 www.wallenstein-angermuende.de
🕓 täglich ab 11.00 Uhr
Inhaber: Mike Küst

Alte Klosterschänke Chorin

Sie verheißt ihren Gästen von nah und weit, die jährlich zu Tausenden nach Chorin pilgern, »Älteste Einkehr für Klosterbesucher« zu sein. Hält sie, was sie verspricht? Wenn wir einmal davon absehen, dass die frommen Zisterzienser-Brüder in ihrem Mitte des 13. Jahrhunderts errichteten Kloster Hilfebedürftigen ihren Schutz und leibliche Stärkung gewiss nicht versagten, so ist urkundlich verbürgt, dass im Jahre 1753 die Schmiedefamilie Wollgast das Schankrecht erhielt. Die nach dem Dreißigjährigen Krieg aus Abrisssteinen des Klosters und aus Feldsteinen errichtete Amtsschmiede – Reparaturstation für Wagen, Kutschen und verlorene Hufeisen – war somit sogleich der Ursprung der Gastronomie am Kloster Chorin. Und bald wurde der »fliegende Handel« mit Brot, Schnaps und Bier wichtiger als das schweißtreibende Schmiedehandwerk.

Seit 1863 ist der Name Alte Klosterschänke unverändert geblieben. So recht populär wurde das Haus mit dem aufkommenden Tourismus zu Beginn des 20. Jahrhunderts. Die idyllische Lage der historischen Schänke neben dem Kloster direkt am Amtsee zog bald Ausflügler in Scharen an, und namhafte Künstler und Architekten wie Max Liebermann, Joseph Roth oder die Gebrüder Taut gehörten zu ihren Stammgästen.

Bis auf den heutigen Tag hat die gastliche Einkehr nichts von ihrem Reiz verloren – ist sie allzeit gefragte Adresse für Touristen und Urlauber, Einhei-

Historische Schmiede (oben) und Alte Klosterschänke (links).

mische und deren Besucher. Der Tagesgast stärkt sich an Leib und Seele in der Scheune – einem liebevoll restaurierten 250 Jahre alten Fachwerkbau mit zwei Etagen. 150 Gäste finden hier bequem Platz, sei es im rustikalen eigentlichen Scheunenraum oder auf der Tennen-Galerie. Eine leichte regionale und saisonale Küche mit mediterranem Einfluss ist angesagt, wobei größter Wert auf Produkte aus der Region und möglichst aus ökologischem Anbau gelegt wird. Gefragte Leckerbissen sind Gerichte vom Wild aus der Uckermark oder der Schorfheide, Fleisch vom Schwein, dem Angusrind oder vom Federvieh aus dem benachbarten Ökodorf Brodowin, und die Auswahl erlesener deutscher und internationaler Weine ist ebenfalls ausschließlich ökologisch geprägt. Ideal geeignet ist die Scheune auch für Hochzeiten und Feierlichkeiten bis zu 150 Personen. Im Biergarten (60 Plätze) vor romantischer Klosterkulisse ist an schönen Tagen oft schwer ein freier Tisch zu finden.

In der 250 Jahre alten Scheune kann der Gast nach Herzenslust schlemmen.

Die Schmiede hingegen empfiehlt sich mit ihrem originalen intimen Kaminraum eher für Veranstaltungen im kleinen Kreis (10 bis 18 Personen). Das mittelalterliche Kleinod – seit eh Stätte des Handwerks und des Frohsinns – bietet seinen Besuchern am lodernden Schmiedefeuer ein bleibendes geselliges und kulinarisches Erlebnis, etwa bei einem zünftigen Spanferkelessen. Minnesänger und -spieler in historischen Kostümen, mit Sackpfeifen und anderen alten Instrumenten entführen die Gäste in eine längst versunkene Welt. Komplettiert wird der gastliche Bereich des Hauses durch den »Geschänke Laden« in der früheren Schankstube, in dem nach Lust und Laune gestöbert und eine große Auswahl besonders ländlicher Accessoires, kunstgewerblicher Gegenstände und Leckereien der Region erworben werden kann.

Seit 2006 bildet die Alte Klosterschänke, zu der auch zwei großzügig gestaltete Ferienwohnungen gehören, einen Verbund mit dem unweit gelegenen Hotel Haus Chorin, das seit Beginn des 20. Jahrhunderts auf eine jahrzehntelange kirchlich-diakonische Tradition verweisen kann. Mit seinen über 60 Gästezimmern und Tagungsräumen, Sauna- und Fitnessbereich mit Bowlingbahn und Minigolfanlage, umgeben von Park und See, ist die Anlage ein wahres Dorado für den Urlauber, die Fest- oder Ausflugsgesellschaft. Und sie birgt noch einen ganz besonderen gastronomischen Schatz, nämlich das erste deutsche Honig-Spezialitäten-Restaurant, die Immenstube. Ganz verhaftet ist auch sie hiesiger Klostertradition, nach der schon die Mönche in Vorzeiten Bienenhonig ernteten.

Die 750 Jahre alte Klosteranlage selbst ist von einzigartigem architektonischen Zauber und gehört zu den bekanntesten Beispielen märkischer Backsteingotik. Seit Jahrzehnten zieht es jedes Jahr Zehntausende Musikbegeisterte hierher, um den Konzerten und Aufführungen des Choriner Musiksommers zu lauschen und die einzigartige Akustik im Kirchenschiff des Klosters zu genießen. Hat der Besucher noch ein bisschen Zeit mehr mitgebracht, so kann er eines der größten Biosphärenreservate Mitteleuropas – Schorfheide/Chorin – erkunden. Wer es etwas exotischer mag, der kommt im Wildpark Schorfheide im benachbarten Groß Schönebeck auf seine Kosten. Dort werden Elche, Wisente, Auerochsen und sogar Wölfe gehalten. Gern leisten die Alte Klosterschänke und das Hotel »erste Erlebnishillfe« mit geführten Wanderungen oder Kremserfahrten, Schiffs- oder Schleusentouren.

In der historischen Schmiede sind Formziegel der alten Klosteranlage verbaut.

Alte Klosterschänke
Amt Chorin 9
16230 Chorin
🚗 A 11, Abfahrt Finowfurt über Eberswalde auf der B2 nach Chorin
☎ 033366/ 53 01 00
📠 033366/ 530 10 16
💻 www.alte-klosterschaenke-chorin.de
✉ post@alte-klosterschaenke-chorin.de
🕓 täglich ab 12.00 Uhr
November bis April am Montag geschlossen
Betriebsleitung: Heike Zahn

Hotel Haus Chorin
Neue Klosterallee 10
16230 Chorin
☎ 033366/ 500 und /501 40
📠 033366/ 326
💻 www.chorin.de
✉ hotel@chorin.de
🕓 Hotel durchgehend geöffnet
Immenstube täglich ab 12.00 Uhr geöffnet
im Winter ist am Mittwoch Ruhetag
Geschäftsführer: Thomas Lenz

Carlsburg

Das Bergrestaurant Carlsburg in Falkenberg liegt auf dem steil aufragenden 100 Meter hohen Paschenberg. Schon Theodor Fontane schwärmte von dem 1824 durch den seinerzeitigen Gutsherrn von Cöthen und Namensgeber Carl Friedrich von Jena erbauten Jagdschlösschen als einem »heiteren, villenartigen Gebäude, das in die Oderlandschaft hinein blickt«, über die »Schluchten, Dächer und Türme des Dorfes Falkenberg hinweg«. Und so ist wohl der Name »Burg« weniger der Architektur, sondern mehr dem exponierten Standort des eher anmutigen Gebäudes geschuldet. Vielleicht gerade deshalb aber hat es seit je Literaten, Künstler, Musiker angeregt. So hat es keinen Geringeren als den Berliner Komponisten und Kapellmeister Paul Lincke, der zur Sommerfrische oft in Falkenberg weilte, zu seinem Evergreen »Schlösser, die im Monde liegen« inspiriert.

Lange konnte sich der adlige, früh verstorbene Schlossbesitzer Carl Friedrich von Jena an seinem Bergparadies nicht erfreuen. Bereits 1838 wurde die Carlsburg zur Gastwirtschaft umgestaltet. Seitdem genoss sie all die Jahre und Jahrzehnte eine ungebrochene Popularität, hat sie sommers wie winters Ausflügler und Urlauber angelockt bis in die DDR-Zeit, als sie HO-Gaststätte war. Anfang der neunziger Jahre wurde das Haus in Regie der hiesigen Familie Steinert einer dringenden »Verschönerungskur« unterzogen und im Dezember 1991 wieder eröffnet.

Der Sage nach würfelten zu Vorzeiten hier auf dem Paschenberg (Pasch = Würfelzahl) Mönch und Teufel um gerade einmal zehn Seelen. Das Mönchlein gewann und legte damit – gewiss nur in der Legende – den Grundstein für die heutigen Besucherrekorde. Denn die sind wohl einzig und allein der Gastlichkeit eines ungewöhnlichen Hauses und seinen sympathischen Wirtsleuten

»Schauen – kaufen – genießen« ist die Hausdevise.

Blick vom Paschenberg über das Oderbruch.

Gastraum im rustikalen Bergbaudenstil.

zu danken. Gastraum und Wintergarten (110 Plätze) im rustikalen Bergbaudenstil, mit dunklem Holz und breit umlaufender Fensterfront mit Panoramablick, laden zu gemütlichem Verweilen ein. Liebevoll plazierte kunstgewerbliche Gegenstände füllen Fensterbänke, Balken und Regale, Nischen und Ecken – zu Ostern etwa putzige Hasenfiguren aller Größe und Statur, Eier und Federvieh vom Bauernhof, zu Weihnachten »Nikoläuse«, Nussknacker und Lichterengel. »Schauen – kaufen – genießen« ist die Hausdevise. Die alle zwei Monate wechselnde Speisekarte – von der Familie gemeinsam zusammengestellt – bietet Hausmannskost mit gehobenem Anspruch und nach eigenen nicht ganz alltäglichen Rezepten und dabei preislich moderat. Die Spanne der schmackhaften Mahlzeiten reicht von hausgemachter Wurst und Sülze bis zu so begehrten Gerichten wie Wildgoulasch mir selbstgefertigten Semmelknödeln oder halbe märkische Landente mit Apfelrotkohl. Die Weinkarte liest sich wie eine »Kurzreise« zu den bedeutendsten Weinanbaugebieten der Welt. Einen guten Ruf haben die Kaffee- und Eisspezialitäten. Alle Torten, Kuchen und Eisvariationen kommen aus eigener Herstellung, und kaum einer kann sich wohl der Verführung durch den einzigartigen Schokoladen-Nusskuchen nach Rezept der Urgroßmutter entziehen, das hier als »Familiengeheimnis« gehütet wird.

Viele Besucher kommen mit Vorliebe zu den Künstlerabenden, bei denen Musiker und Sänger, Kabarettisten und Schauspieler hier auftreten. Bei dem großen Zuspruch ist eine Reservierung allerdings empfehlenswert.

In Falkenberg kann sich der Besucher von den »Minialpen« der Märkischen Schweiz verzaubern lassen und zugleich von hier aus ins Oderbruch absteigen. Von der Restaurant-Terrasse (100 Plätze) schweift der Blick in Richtung Polen, zur Kurstadt Bad Freienwalde über die flache Endmoränenlandschaft hinüber bis zum Schiffshebewerk Niederfinow oder dem Biosphärenreservat Schorfheide-Chorin.

Carlsburg
Burgstraße 9
16259 Falkenberg/Mark
A 11, Abfahrt Finowfurt auf die B 167 über Eberswalde/Finow nach Falkenberg oder von Berlin kommend die B 158 über Bad Freienwalde
033458/205
033458/30 890
www.carlsburg.de
info@carlsburg.de
täglich ab 12.00 Uhr
Inhaber: Familie Steinert

Stobbermühle

Mit dem romantischen Gasthaus Stobbermühle – eingeschlossen ein Appartement-Hotel – wird seit den neunziger Jahren an historischer Stätte die Erinnerung an eine alte Mühlentradition in Buckow wachgerufen. Unweit von hier stand schon im 18. Jahrhundert eine alte Wassermühle, die nun als gastliche Stätte ihre Renaissance erlebt. Die Stobbermühle ist mittlerweile ein gefragter Ort für den Tagesbesucher und Ausflügler wie für die Stammtischrunde, den romantischen Abend zu zweien oder die fröhliche Familien- und Unternehmensfeier. Mit dem hoteleigenen Standesamt und einer Hochzeitssuite bietet sie sogar die Möglichkeit hier stilvoll zu heiraten. In jedem Winkel des Hauses ist die Liebe zum Detail spürbar. Die 14 Appartements – keines gleicht dem anderen – mit Blick auf die Stobber oder den Schlosspark sind großzügig geschnitten und elegant eingerichtet. Zeitgenössischen Komfort gewähren Whirlpool und Wannenbad, SAT-TV, Telefon, Fax, Videorecorder und Safe.

Das Unverwechselbare prägt auch die beiden Gasträume (60 Plätze) – rustikal die Wein- und Bierstube mit Weinschränken, dickbäuchigen Bierkrügen und Weinflaschen ringsum; erlesen-festlich dagegen das Kaminzimmer mit Rosenterrasse. Die »Königin der Blumen« gehört zum Gesamtbild des Hauses: sei es in den 300 um das Gebäude gepflanzten Rosenstöcken oder in Gemälden, Skulpturen bis zu den Rosenköpfen im schmiedeeisernen Treppengeländer. Es ist eine liebeswerte Referenz der Hausherren an Buckow, das Mitte des 19. Jahrhunderts durch seine weithin berühmte Rosenzucht sich den Namen »Rosenbuckow« verdient hat. Vervollständigt wird das gastronomische

Trauzimmer im romantischen Hotel Stobbermühle.

Die Stobbermühle hält die alte Mühlentradition in Buckow am Leben.

Die Restaurants bieten regionale Küche zu moderaten Preisen.

Ensemble durch das Romantik-Café und den Biergarten im Park (60 Plätze). Und beim Klappern des 5 Meter Durchmesser zählenden Mühlenrades aus über hundert Jahre altem Eichenholz ist der Alltagsstress schnell vergessen. Zumal bei einem zünftigen Mühlenmahl.

Bekannt ist das Haus durch seine vorzüglichen Fischgerichte. Vielleicht lässt sich der Gast beim Anblick des Kopfes eines hier gefangenen und nun präparierten Welses mit 1,78 Metern Länge und 48 Kilogramm Gewicht zu einer ausgesprochenen Hausspezialität verführen: Wels pochiert auf Lauch-Selleriegemüse mit Dijonsenfsoße und gebratenen Kartoffelscheiben, dazu ein trockener Müller-Thurgau von Saale und Unstrut. Oder er sucht sich im Hummerbecken ein Scherentier seiner Wahl aus. Wer eher Fleischspeisen bevorzugt, kann Deftiges vom märkischen Herd essen: Lammhaxe oder Rinderroulade, Bauernente oder ein schlichtes Bauernfrühstück.

Im nahe liegenden Naturschutzpark »Märkische Schweiz« findet der Besucher ein wald- und seenreiches Bergland von ungewöhnlicher Schönheit. Schon vor 150 Jahren empfahl der königliche Leibarzt seinem Herrn und Gebieter Friedrich Wilhelm IV: »Majestät, in Buckow geht die Lunge auf Samt.« Seit 1929 »Bad Buckow«, ist es heute staatlich anerkannter Kneipp-Kurort mit rekonstruierter Warmbadeanstalt und einer modernen Rehabilitationsklinik für onkologische Erkrankungen. Das milde Klima und die bizarre nacheiszeitliche Landschaft, Wanderungen durch Berge und Wälder, Boots- und Schifffahrten auf den fünf umliegenden Seen lassen Leib und Seele genesen. Das wussten auch Bertolt Brecht und Helene Weigel, als sie hier in den fünfziger Jahren ihren Sommerwohnsitz direkt am Schermützelsee wählten. Seit 1977 ist das Haus Museum und Gedenkstätte. Im ehemaligen Bootshaus kann der Besucher den Planwagen der »Mutter Courage« bewundern, mit dem die Weigel in Hunderten Aufführungen weltweit über die Bühne gezogen ist.

Stobbermühle
Wriezener Straße 2
15377 Buckow
A 10, Abfahrt Hellersdorf, auf die B 1 über Müncheberg nach Buckow
033433/668 33
033433/668 44
www.stobbermuehle.de
mail@stobbermuehle.de
Hotel durchgehend
Restauration täglich ab 11.00 Uhr
Inhaber: Tramcol AG
Pächter/Betreiber: Frank Güldenpfennig, Detlef Hoffmann

Schloss Reichenow

Als letztes europäisches Zeugnis englischer Neogotik entstand das Schloss Reichenow in den Jahren 1897 bis 1900 als Herrensitz der Adelsfamilie von Eckardstein. Beim Anblick des von einem dichten Park umrahmten, über dem Langen See gelegenen Anwesens glaubt sich der Betrachter in die Zeit des englischen Königshauses der Tudors zurückversetzt. Es ist ein romantisch-verwunschen anmutendes Schloss wie aus einem Märchenbuch mit hoch aufragendem achteckigem Turm und mit einem umlaufenden Zinnenkranz bekrönt. Arg hatte der Zahn der Zeit im letzten Jahrhundert an dem malerischen Gebäude genagt, das in der DDR als Schule, Gaststätte und Wohnhaus genutzt wurde. Später hat es die Brandenburgische Schlösserverwaltung in den neunziger Jahren mit Millionenaufwand restauriert, und die beiden couragierten Schlossherrinnen Ursula Hahn und Sabine Kirstein übernahmen es als Pächterinnen. Seit 1997 präsentiert es sich wieder in alter Schönheit: als Tagungs-, Urlaubs- und Hochzeitshotel beherbergt das einstige Herrenhaus Gäste aus aller Welt.

Dabei will es sich von herkömmlichen Schlosshotels absetzen. Gepflegt wird alternative Lebensweise, die die Urwüchsigkeit der umgebenden Natur des Hohen Barnim phantasievoll und wohltuend für die Betreuung der Gäste nutzt. Hier kann man sich kosmetisch behandeln lassen und Blütenbäder genießen. So wird die Heilkraft von Wildkräutern, Gewürzen und Blumen in »Kräuter«- oder »Aromatischen Hexenseminaren«, bei Massagen und Ent-

Das Schloss Reichenow ist direkt am See gelegen.

Restaurant Grüner Salon.

schlackungstherapien angewandt. Der Stressbewältigung dienen »Verwöhnwochenenden« oder »Wochenenden zum Träumen«, eingeschlossen die aktive Erholung mit geführten Wanderungen auf dem Fontane-Wanderweg, Fahrradtouren, Körperpflege im Kosmetikstudio und Saunabereich.

Reichenow gilt als ein Schloss in Farbe. Seine Räume bestechen nicht nur durch ihre handverlesenen Antiquitäten, die im Stil des verloren gegangenen originalen Mobiliars ausgesucht wurden, sondern auch durch die hier und dort geschickt ergänzten avantgardistischen Accessoires, eigens entworfene Möbel, die blauen Teppiche oder die Gemälde von der Hand der Schlossherrin Ursula Hahn. So durchbricht der Blaue Salon – einer der drei Tagungsräume (insgesamt 60 Plätze) – in Farbgebung und Ausstattung den stereotypen Konferenzraumstil und will nicht zuletzt mit der Form der Möbel, dem wellenförmigen Konferenztisch etwa, Lockerheit und Entspannung suggerieren. Die Restaurants Grüner Salon und Gelber Salon (insgesamt 45 Plätze) mit Seeblick und Wintergarten oder auch der ganz in Terrakotta gehaltene Schlossgewölbekeller nehmen den Gast durch ihren individuellen Stil in Form und Farbe gefangen. Auch von den 22 Hotelzimmern gleicht keines dem anderen in Ausstattung und Farbgebung. Ihre Namen stehen für den Stil des jeweiligen Interieurs: ob das Zimmer der Alten Mamsell oder das Alte Herrenzimmer, das Zimmer am Turm oder das Romantikzimmer. Nur der Fernseher fehlt – dafür finden sich Bücher über Bücher im ganzen Haus. Natürlich kann, wer will, ein Fernsehgerät unentgeltlich ausleihen.

Die Küche ist regional-saisonal geprägt und orientiert sich an einer gesundheitsbewussten Ernährung. Ihre Kreationen sind oft verblüffend und äußerst schmackhaft. Dabei dominieren heimische Produkte und Kräuter: bei der Spinat-Sauerampfersuppe oder der gefüllten Roten Beete mit Petersilienwurzel-Kartoffelbrei, bei der Kräuterlammkeule an Thymianjus oder dem Lachs-Zander-Zopf an würzigem Rote-Beete-Reis. Öko-Biere und -Weine ergänzen das herkömmliche Angebot.

Schloss Reichenow
Dorfstraße 1
15345 Reichenow
A 10, Abfahrt Berlin-Hellersdorf auf die B 1 Richtung Müncheberg/Strausberg, Abzweig Wriezen nach Reichenow
033437/308-0
033437/308-88
www.schlossreichenow.de
schlossreichenow@schlossreichenow.de
Hotel durchgehend,
Restauration von Donnerstag bis Sonntag
Um Tischreservierung wird gebeten
Inhaber: Brandenburgische Schlösser GmbH
Pächterinnen: Ursula Hahn, Sabine Kirstein

Hotel Schloss Neuhardenberg

Unter Preußens Krone erhielten verdienstvolle Königsgetreue oft beachtliche Landsitze als Geschenk – so wie heute hohen Staatsdienern Orden verliehen werden. Ein solcher Ort fürstlicher Dotationen ist Neuhardenberg östlich von Berlin gelegen, etwa dort, wo die Mitte des preußischen Königreichs war und heute Europas Mitte liegt. Er spiegelt deutsche Geschichte in ihren Höhen und Tiefen wie in einem Brennglas wider. Dem preußischen Staatsmann und Reformer Fürst Carl August Freiherr von Hardenberg (1750–1822) wurde im Jahre 1814 der hiesige Herrschaftssitz von seinem König Friedrich Wilhelm III. als Dank für seine Verdienste um die Rettung der preußischen Monarchie im Kampf gegen Napoleon übereignet. Aus dem einstigen Barockschlösschen wurden nun unter Hardenberg das heutige klassizistische Schloss und der englisch inspirierte Park nach Entwürfen Schinkels und Lennés. In der dem Schloss gegenüberliegenden Schinkel-Kirche ist das Herz des Fürsten, dem »Urbanität, Grazie und Ehrgefühl« als Lebensmaximen nachgesagt werden, als Relique aufbewahrt. Das Schloss war unter Carl-Hans Graf von Hardenberg ein Treffpunkt des Widerstands der Männer des 20. Juli. Hier bereiteten Stauffenberg, Tresckow und Beck das Attentat auf Hitler vor. Sie wurden hingerichtet, allein Hardenberg überlebte.

Brennerei.

Szenenwechsel dann im »Arbeiter-und-Bauern-Staat«, der für die feudalen Herren keine sonderlichen Sympathien hegte, das Schloss schlicht enteignete und es schließlich zur Kulturakademie des Bezirks Frankfurt/Oder umfunktionierte. Auch die Gemeinde Neuhardenberg wurde sozialistisch umgetauft in Marxwalde und zum Standort für den Regierungsflugplatz gemacht. 1996 erhielt dann die Familie Hardenberg ihren einstigen Besitz zurück und verkaufte ihn an den Deutschen Sparkassen- und Giroverband (DSGV). Mit ihm war glücklich der Partner gefunden, der dem geschichtsträchtigen Adelssitz eine Renaissance bescherte. Das zweigeschossige Schinkel-Palais im strahlenden Farbkontrast weiß-schiefergrau ist die architektonische

Fürst Carl August Freiherr von Hardenberg erhielt das Schloss als Dank für seine Verdienste um den Preußischen Staat.

Orangerie.

Dominante in einem eindrucksvollen klassizistischen Gebäudeensemble – erweitert nun um einen dem alten Baustil angepassten Hotelneubau. Es handelt es sich um eines der umfangreichsten Restaurierungsvorhaben an einem denkmalgeschützten Komplex in Deutschland. Das von der Stiftung Schloss Neuhardenberg betriebene Zentrum für Kunst und Kultur, Wissenschaft und Wirtschaftsethik hat sich innerhalb kurzer Zeit zu einer ersten Kulturadresse im Land entwickelt. Ein »Ort der Ruhe« soll es sein, an dem der Gedanken- und Erfahrungsaustausch in Politik, Wirtschaft, Wissenschaft und Kultur über Ländergrenzen hinweg gepflegt wird. Die im Kavaliershaus Ost eingerichtete ständige Ausstellung »Schloss Neuhardenberg. Ein Ortstermin« hält die Erinnerung an die Geschichte der Hardenbergs und den Widerstand gegen das Hitler-Regime wach.

Die heutigen »Schlossherren« sind exzellente Gastgeber. Hotellerie und Gastronomie lassen kaum einen Wunsch offen. Die 54 Gästezimmer, ausgestattet mit allen Bequemlichkeiten, sind großzügig geschnitten. Ein Blick aus den Fenstern auf den Schlosspark mit Skulpturen und kleinem See macht Alltagsstress schnell vergessen; Wellnessbereich mit Sauna und Dampfbad tun ihr übriges.

Die Schlossküche bietet dem Hotel- wie dem Tagesgast ein vielfältiges Angebot mit perfektem Service – vom opulenten Frühstücksbüfett über einen exquisiten Lunch bis zum stimmungsvollen Weinabend. In der Brennerei mit Terrasse (insgesamt 120 Plätze) werden vorwiegend regionale Spezialitäten geboten – modern interpretiert. Wo ehemals Dachziegel, dann Spirituosen gebrannt wurden, genießt der Gast heute in schlichtem Ambiente von leicht preußischer Kühle Wärmendes und Herzhaftes aus dem »Suppentopf«, aus »Pfanne und Schmortopf«, »Feld und Garten«, eingeschlossen phantasievolle vegetarische Menüs, bis zu den Spezialitäten aus der »süßen Küche« – warmen Schokoladenkuchen auf Vanille-Kokosrahm und Kokosnusseis zum Beispiel. Jederzeit präsent ist die gut sortierte Weinkarte und zur besseren Verdauung ein ganz eigener »Graf Hardenberg Doppelkorn«. Die Kleine Orangerie (26 Plätze), dezent-vornehm eingerichtet, mit Korbmöbeln und Terrakotta-Fußböden wird als Gourmet- und Bankettrestaurant genutzt.

Hotel Schloss Neuhardenberg
Schinkelplatz
15320 Neuhardenberg
A 12, Abfahrt Fürstenwalde über Müncheberg, Wulkow nach Neuhardenberg oder von Berlin auf die B 1, Jahnsfelde links abbiegen nach Neuhardenberg
033476/600-0
033476/600-800
www.schlossneuhardenberg.de
hotel@schlossneuhardenberg.de
Hotel durchgehend
Brennerei – Das Landgasthaus
täglich ab 11.00 (April bis Oktober),
Mittwoch bis Sonntag ab 11.00 Uhr
(November bis März)
Kleine Orangerie
Mittwoch bis Samstag ab 18.00 Uhr,
(März bis Oktober)
Ausstellung
Dienstag bis Sonntag 11.00 bis 19.00 Uhr
Eigentümer: Deutscher Sparkassen- und Giroverband
Betreiber: Stiftung Schloss Neuhardenberg GmbH
Generalbevollmächtigter: Bernd Kauffmann
Hoteldirektorin: Petra Lienhop

Blick auf den Hotelkomplex der Schlossanlage.

Parkhotel Schloss Wulkow

Der Standort des über 600 Jahre alten märkischen Adelssitzes könnte besser nicht sein: vor dem Haus die stillen, unübersehbaren Weiten des Oderbruchs mit ihrer einzigartigen Fauna und Flora, hinter dem Haus die hügelige Landschaft der Märkischen Schweiz mit Wäldern und Seen, Kesseln und Schluchten. Verschiedenste Adelsgeschlechter herrschten hier: die Scharpelohs, Derfflingers, Ziethens, Pannewitz' und die Brünnecks. Mit der Bodenreform in der DDR verschwand auch der Adel; das Schloss war nach dem Krieg Krankenstation, Flüchtlingsheim und schließlich Gästehaus der Pneumant-Werke.

Nach der Wende dann das »zweite Leben« des Renaissance-Schlosses: Im Juli 1994 avancierte es nach aufwendiger Restaurierung zum Vier-Sterne-Hotel. Schon die Lobby besticht durch ihr wohnliches Flair – mit großem Kamin, antikem Mobiliar, Spiegeln, Lüstern, Erinnerungsstücken und dem prachtvollen, den Treppenaufgang dominierenden hohen Rundbogenfenster mit Farbornamenten und Bildmotiven. Die 43 Einzel- und Doppelzimmer verbinden das historische Ambiente einfühlsam mit allem zeitgenössischen Komfort: Bad und Dusche, Schreibtisch, Telefon und Telefax, Color-TV und Minibar. Gäste mit schmalerem Geldbeutel finden in der Remise mit ihren 14 Landhauszimmern eine gemütliche Bleibe und ein Bett zur Nacht. Längst ist das Parkhotel zu einer gefragten gastlichen Adresse in der Mark Brandenburg aufgestiegen. Fünf stilvoll eingerichtete Salons und Bankettsräumen für 20 bis 130 Personen bieten den jeweils passenden Rahmen für Tagungen, Präsentationen und Festlichkeiten aller Art. Hier treffen sich Minister, Staatssekretäre und UNESCO-Mitarbeiter zu Beratungen, tagen Ämter und Vereine, finden Festbankette und Konzerte statt, feiern Familien und Freundeskreise Jubiläen, Geburts- und Jahrestage.

Hotellobby mit Bar.

Kamin mit Restaurant Landgraf.

Wintergarten.

Parkhotel Schloss Wulkow
Hauptstraße 24
15320 Wulkow
A 12, Abfahrt Fürstenwalde-Ost über Heinersdorf, Jahnsfelde oder von Berlin auf die B 1, in Jahnsfelde links abbiegen Richtung Neuhardenberg
033476/58-0
033476/58-444
www.schloss-wulkow.de
postmaster@schloss-wulkow.de
Hotel durchgehend
Restaurantion
Montag bis Sonnabend 12.00 bis 14.00 Uhr und 18.00 bis 22.00 Uhr
Sonntag ab 11.00 Uhr
Inhaber: Parkhotel Schloss Wulkow Betriebs GmbH
Hoteldirektorin: Brunhilde Heselhaus

Oft schon Monate voraus ausgebucht ist das Haus als Hochzeitshotel, zu dem mittlerweile Brautpaare aus aller Herren Länder kommen.

Natürlich lädt Wulkow auch zum kulinarischen »Streifzug« ein: sei es im festlich-elegant und in den Farben Gold und Dunkelblau gestalteten Restaurant Landgraf (50 Plätze) mit Silbergeschirr und eigens angefertigtem Tischporzellan oder im heiteren lichtdurchfluteten Wintergarten zum Park (40 Plätze). Vom First-Class-Dinner bis zu regionalen Spezialitäten, mal raffiniert verfeinert, mal deftig-bodenständig, werden vom Chefkoch und seiner Mannschaft alle Register gezogen. Die Produkte kommen vorrangig von umliegenden Bauernhöfen: Gemüse und Kräuter von Ökobauern der Region, Forelle, Aal und Zander aus Altfriedland, die hier so beliebte Oderbruchente, serviert dann als rosa gebratene Entenbrust an Portweinjus mit Kartoffelnudeln und feinem Gemüse, aus Neutrebbin. Die heimische Gurke passt am besten zu dem in der Haut gebratenen Havelzander.

Nie verlegen zeigen sich die Wirtsleute um Einfälle und Ideen, damit der Besucher Brandenburg in einem seiner reizvollsten Winkel erlebt und gern an seinen Aufenthalt auf Schloss Wulkow zurückdenkt. Die Fackelwanderungen durch den 10 000 Quadratmeter großen Park unter uralten Bäumen zum angrenzenden Ried-See mit Glühwein und Pausen-Zwiebelkuchen sind mittlerweile schon zum Ritual geworden. Angelpartien, Kremser- und Schlittenfahrten durch Wald und Heide, Wanderungen auf dem Oderkamm oder Abenteuer-Kanufahrten auf der »Alten Oder« stehen ebenso auf dem Programm wie gemütliche Kaminabende mit Feuerzangenbowle, Weinproben im Wein-Gewölbekeller, der über 80 ausgewählte Rebsorten ausweist, oder Grillabende auf der Schlossterrasse. Wer noch ein bisschen mehr für seine Kondition tun möchte, nutzt den hauseigenen Tennisplatz, Fitnessgeräte, Mountainbikes und die Sauna.

Hotel Kaisermühle

Zu »kaiserlichen« Weihen kamen Ortsteil und Mühle nicht durch Majestät höchstderoselbst. Nein – es war ein schlichter Müllersmann mit Namen Gore Kayser, der – urkundlich verbürgt – Mitte bis Ende des 15. Jahrhunderts Besitzer der »Bretmühle zu Melrase« war – einer Getreidemühle mit angeschlossenem Sägewerk, angetrieben vom Wasser des Schlaubeflusses. Und doch gelangte die Kaisermühle in der Folgezeit zumindest zu kurfürstlichem Ruhm – mit dem Bau des Friedrich-Wilhelm-Kanals nämlich. Hier griff der »Große Kurfürst« Friedrich Wilhelm 1662 selbst zur Schaufel und zelebrierte mit dem ersten Spatenstich den Beginn des Baus der zweitältesten künstlichen Wasserstraße Deutschlands. Auf 23 Kilometer Länge von Müllrose bis zum Brieskower See verband sie die Oder mit der Spree. Und der Ort Müllrose stieg auf zu einem Verkehrsknoten von strategischem Gewicht. Das Heimatmuseum im Ort erzählt davon.

Das idyllische Fachwerkgebäude mit eigenem Kräutergarten direkt vor der Haustür.

Wie so oft in Leben und Geschichte, verlor der eine, wenn der andere gewann. Mit dem Kanalbau wurde dem Schlaubefluss buchstäblich »das Wasser abgegraben«. Aus den Müllersleut' wurden Land-, zeitweilig auch Gastwirte. Und die Mühle versank im Malstrom der Zeitenläufte, bis ein junger, einheimischer Töpfermeister in den letzten DDR-Jahren das ziemlich verfallene Anwesen erwarb, den ehemaligen Rinderstall zur Töpferei umbaute und nach der Wende, gefördert vom Land Brandenburg und der Denkmalpflege, das geschichtsträchtige Haus in eine beliebte Einkehrstätte umwandelte. In der Kaisermühle kehrt seit 1997 der Wanderer ein, der im anmutigen Schlaubetal

Backsteintheke im Gastraum: das Bier »fließt« aus der Decke.

mit malerischen Seen und tiefen Talkesseln einen der verträumtesten Flecken Deutschlands entdeckt hat, ein Landschaftsschutzgebiet mit Fischreiher, Kranich und seltenen Orchideenarten. Hierher pilgern Familien mit Kind und Kegel, kommen Touristen und Urlauber auch von weit her.

Die 14 Gästezimmer erinnern in ihrer Ausstattung an die alten Zeiten. Das Mühlenrestaurant (45 Plätze) im früheren Mühlenraum bewahrt in seinem wuchtigen dunklen Gebälk und dem ziegelgemauerten Tresen noch »Bausteine« der alten Mühle in sich auf. Anheimelnd das Interieur: die Holzbänke mit den asymmetrisch gedrechselten Lehnen, die blank gescheuerten Holztische und das überall auf Regalen, in Nischen ausgestellte alte Bauerngeschirr, braunes salzglasiertes Steinzeug aus der Werkstatt des Gastwirts und Töpfermeisters. An schönen Tagen genießt der Gast auf der Hofterrasse (50 Plätze) den Blick auf den umgebenden dichten Laubwald mit den moorigen Niederungen der Schlaube.

Die Küche bietet vor allem regionale Spezialitäten: ob Fasan oder Wachtel, Rotwild oder Fisch, Gemüse oder Gewürze. Alle drei Wochen wechselt die Karte. Der Chefkoch versteht seine Kreationen als moderne junge Küche mit internationalem Einschlag und einem gehörigen Schuss Phantasie – etwa Lammbraten in Milch geschmort, dazu Aprikosen, glasierte Schwarzwurzeln und Spätzle oder Hecht auf Bärlauchsoße mit Speckwürfeln. Alle Geschmäcker kommen auf ihre Kosten – der Ernährungsbewusste mit möglichst wenig Fett ebenso wie der Vegetarier, der Liebhaber deftiger Speisen wie das Leckermaul mit Desserts aus der eigenen Patisserie. Erlesene Weine, ein wohl temperiertes Wernesgrüner Pils oder auch das hier so beliebte Klosterbräu »Schwarzer Abt« aus dem ehemaligen Zisterzienser-Kloster Neuzelle runden das Menü ab.

Stilisierte »Schlaube« als Bodenkeramik auf der Terrasse.

Sonnenzimmer im Hotel.

Gastraum am Morgen, zum Frühstück eingedeckt.

Hotel Kaisermühle
Forststraße 13
15299 Müllrose
A 12, Abfahrt Müllrose durch den Ort am Bahnhof vorbei zur Kaisermühle
033606/88-0
033606/88-100
www.hotel-kaisermuehle.de
info@hotel-kaisermuehle.de
Hotel durchgehend
Restauration täglich ab 12.00 Uhr
Inhaber: Hotel Kaisermühle GmbH
Geschäftsführerin: Constanze Mikeska

Restaurant Café Dorsch

Gehörte das gastliche Haus am Scharmützelsee der bekannten Schauspielerin Käthe Dorsch (1890–1957)? Vor allem ältere Besucher stellen oft solche Fragen nach der vermeintlichen Namensgeberin – zumal die Wände der Gaststätte mit eigenhändig signierten Fotos von Filmgrößen vergangener Zeiten geschmückt sind: Willy Birgel und Victor de Kowa, Hans Söhnker und Hans Holt, Olga Tschechowa, immer wieder Anny Ondra mit ihrem Ehemann, dem Boxer Max Schmeling, die hier Stammgäste waren, und Harry Liedtke, der mit besagter Käthe Dorsch verheiratet war. Eines jedenfalls ist unstrittig: Von Anfang an war Café Dorsch, in den dreißiger Jahren durch den Berliner Filmregisseur Felix Wetzel erbaut, ein Mekka für Künstler und Schauspieler, von denen sich viele noch vor dem Krieg in dem mondänen Kurort niedergelassen hatten. Das blieb auch in den frühen DDR-Jahren so, als das Haus Hermann Dorsch, ein Umsiedler aus Schlesien und der nur den gleichen Namen wie besagte Schauspielerin trug, übernahm. Er war es, der den guten Ruf des bald zum Restaurant ausgebauten Cafés weit über Bad Saarows Grenzen hinaus begründete. Und immer wieder waren es auch Künstler, Schriftsteller und Theaterleute, die sich im Gästebuch verewigten: ob Johannes R. Becher, Armin Müller-Stahl oder Gerry Wolff, später Rudi Carell oder Howard Carpendale.

Heute ist Café Dorsch wieder eine gefragte Adresse in der gastronomischen Szene Brandenburgs. Nach der Wende wurde es unter der Regie der Familie Vater aufwendig um- und ausgebaut, wobei die jahrzehntelange Familien- und

Café Dorsch mit Blick auf den Scharmützelsee.

Vorderer Gastraum mit Zugang zur Terrasse.

Künstlertradition gewahrt blieb. Das Restaurant (70 Plätze) bezaubert durch seinen behaglich-wohnlichen Charme mit dunkelgrünen Ledersofas und Polsterstühlen, schmiedeeisernen Kerzenleuchtern, dunklem Balkenwerk und eben jenen Film- und Theaterreminiszenzen. Die Terasse (80 Plätze) unter hohen Kiefern gibt den Blick frei auf Wald und See. Es ist ein Ort der Stille und der völligen Eintracht mit der Natur, an dem der Mensch zur Ruhe kommt und sich gut erholen kann.

Längst schon hat das einstige Café sein Angebot erweitert und dem Wunsch der großen Gästeschar nach ständig warmer Küche Rechnung getragen. Diese gibt es täglich von 12.00 bis 23.00 Uhr – ob à la carte oder Menü, dabei stets unter Verarbeitung frischester Zutaten aus dem Umland. Gehoben im Anspruch und stark regional geprägt, finden gerade die heimischen Fisch- und Wildgerichte großen Zuspruch wie etwa die Fischpfanne »Café Dorsch« – Lachs-, Zander- und mit Mandeln paniertes Dorschfilet auf Bratkartoffeln und Kräuterbutter oder auch die auf dem Lavastein gegrillte Märkische Wildpfanne – kleine Steaks aus Rehkeule und Wildschweinlachs an Rahmpfifferlingen, Preiselbeeren und Kartoffelbällchen. Die Weinkarte ist weit gefächert, der Sommelier um keinen guten Tropfen verlegen. Sorgsam weiter gepflegt wird die Caféhaus-Tradition mit vielfältigen und phantasievollen süßen Verführungen aus der Backstube – Torten, Blechkuchen und leckere Strudel –, mit Spezialitäten rund um das Eis, Kaffeevariationen, Schokoladen und Tees.

Zu den vielen Heilquellen und Kurorten im Land Brandenburg gehört auch Bad Saarow, das auf dem besten Wege ist, wieder ein kleines Baden-Baden zu werden. Neben der Thermalsole (24–30 °C) bietet sich reichlich Gelegenheit zur körperlichen Betätigung in freier Natur: Golfen, Tennis und Segeln, Rudern, Schwimmen und Angeln, Reiten, Radfahren oder Wandern. Und für Besinnung und leiblichen Genuss sorgt dann am Tag wie am Abend eine Einkehr im Café Dorsch.

Restaurant Café Dorsch
Humboldtstraße 16
15526 Bad Saarow-Strand
A 10, Abfahrt Fürstenwalde-West nach Bad Saarow
033631/24 04
033631/593 37
www.cafe-dorsch.de
info@cafe-dorsch.de
täglich 12.00 bis 23.00 Uhr
November bis März montags Ruhetag
Inhaber: Jens Vater

Schloss Hubertushöhe

Schon äußerlich macht das Schloss seinem Namen alle Ehre: Tiermotive, wohin das Auge schaut – als Relief oder Skulptur, in Stein gehauen, kunstvoll als Wasserspeier ausgeformt, eingefügt in farbige Glasfenster oder ins schmiedeeiserne Tor. Die Tiermotive waren der bildkünstlerische Ausdruck der Leidenschaft seines Gründers, der das Jagdschloss in den Jahren 1896–1900 auf einer bewaldeten Sanddüne über dem Storkower See errichten ließ: des Geheimen Königlichen Kommerzienrates Georg W. Büxenstein. Er war eine schillernde Persönlichkeit, Druckereibesitzer und Kunstmäzen, Freund des Kronprinzen und Vertrauter des Kaisers. Als dieser 1905 das Schloss besuchte, wurde sogar die Bahnstation wegen der Übergröße des kaiserlichen Salonzuges verlängert.

Solch protokollarischer Kotau vor Majestäten blieb bei den späteren Besitzern aus: dem Textilfabrikanten Rudolf Bamberg oder bei der Firma Reemtsma, die 1935 das Schloss als Erholungsstätte für Mitarbeiter erwarb, und ohnehin unter der Arbeiter- und Bauernmacht, die das Anwesen schlicht zur Brandenburger Fischereifachschule und danach zur Ingenieurschule für Binnenfischerei umfunktionierte.

Nach Rückkauf durch das Unternehmen Reemtsma und umfassender Restaurierung, öffnete Hubertushöhe im Juni 1998 seine Pforten als Hotel der Spitzenklasse und Mitglied von »Chaîne de Rôtisseurs«, »Great Small Hotels

Das Schloss ließ sich der Kommerzienrat Georg W. Büxenstein zwischen 1896 und 1900 errichten.

Hotelrestaurant Windspiel mit Schlossterrasse.

of the World« und »Beste Tagungshotels Deutschlands«. In jedem Winkel des Anwesens spürt der Gast die Verbindung der Eleganz der Jahrhundertwende mit dem Komfort unserer Tage. Die 23 Zimmer und Suiten sind großzügig gestaltet, individuell und luxuriös eingerichtet bis zur begehbaren Kleiderschrank-Passage und ausgestattet mit allen modernen Annehmlichkeiten. Die vornehmen Salons (insgesamt 130 Plätze) – das Turmzimmer, das Damenzimmer und die Lounge geben den stilvollen Rahmen für sehr persönliche Treffs, Spitzengespräche auf Vorstandsebene oder auch für standesamtliche Trauungen.

Für alles ist gesorgt, was Herz und Sinne erhebt. Binnen ganz kurzer Zeit ist das Hotelrestaurant Windspiel mit Schlossterrasse (insgesamt 60 Plätze) in den exklusiven Kreis der deutschen Spitzenrestaurants aufgestiegen, ausgezeichnet mit drei Kochmützen und 15 Punkten im »Gault Millau« (von 20 möglichen). Zu danken ist dies maßgeblich Direktor und Gastgeber Marc Debourdon sowie Maître de Cuisine Peter A. Strauss, der im Haus selbst Kochkurse für Gourmets veranstaltet und dabei verständlicherweise doch nicht alle Geheimnisse seines Könnens preis gibt. Seine Philosophie: den Eigengeschmack des Produkts zur größtmöglichen Wirkung bringen. So entwickelte er phantasievolle Kreationen und ganz eigene Garverfahren. Der Weinkeller beherbergt über 350 Spitzengewächse, darunter Portweine des Jahrgangs 1924 und andere Raritäten. Alles wird zum genussvollen Erlebnis – der Aufwärmschluck am lodernden Kamin wie das viergängige Fisch- oder das romantische Sechs-Gang-Diner bei Kerzenlicht, das Champagner-Frühstück und die Weindegustation, ja selbst an schönen Tagen der rustikale Imbiss oder das Kaffeegedeck im kleinen Hafen an der Fischerkate, wo die Gäste auch mit ihren Booten anlegen oder hauseigene ausleihen können.

Der zu Füßen liegende Storkower See ist ein wahres Erholungsparadies. Wem die hauseigene Sauna und das Dampfbad, das Solarium und der direkte Zugang zum See nicht ausreicht, kann die moderne Therme im nur zehn Minuten entfernten Bad Saarow nutzen.

Schloss Hubertushöhe
Robert-Koch-Straße 1
15859 Storkow
🚘 A 10, Abfahrt Storkow, durch den Ort zum Schloss
☎ 033678/43-0
📠 033678/43-100
💻 www.hubertushoehe.de
📧 schloss@hubertushoehe.de
🕓 Hotel durchgehend,
Restaurant Windspiel
12.00 bis 14.30 Uhr, 19.00 bis 22.30 Uhr
Freitag und Samstag Ruhetag
Café durchgehend geöffnet
Restaurant Büxenstein
Freitag bis Samstag 12.00 bis 14.30 Uhr, 19.00 bis 22.30 Uhr
Inhaber: Hotel Schloss Hubertushöhe GmbH
Hoteldirektor: Marc Debourdon de Grammont

Hotel Schloss Lübbenau

Lübbenau kann sich einer der schönsten Adelsresidenzen der Lausitz rühmen. Seit 1992 romantisches Schlosshotel im ältesten Stadtteil, öffnet es in trauter Partnerschaft mit dem größten Fährhafen der Region für jährlich viele tausend Besucher das sprichwörtliche »Tor zum Spreewald«, als welches Lübbenau zu Recht gilt.

Schon lange vor der ersten urkundlichen Erwähnung Lübbenaus 1315 waren Schloss und Ort eng miteinander verbunden. Einst slawische Wallanlage, dann Wasserburg, im 17. Jahrhundert Renaissanceschloss, wurde es schließlich im 19. Jahrhundert durch den Schinkelschüler Karl August Benjamin Siegel zur klassizistischen Zweiflügel-Schlossanlage umgebaut. Von dem neun Hektar großen Schlosspark, angelegt nach Plänen des Gartenarchitekten Fürst Hermann von Pückler-Muskau, mit Teichen, Hügeln und verschlungenen Wegen, Baumgruppen und exotischen Gehölzen geht auch heute ein unbezwinglicher Zauber aus.

Die heutigen Schlosshotelbesitzer, die Familie der Grafen zu Lynar, entstammen in 14. Generationenfolge dem toskanischen Grafengeschlecht derer zu Lynar, die seit 1621 in Lübbenau residierten. Der letzte Standesherr Wilhelm Friedrich Graf zu Lynar wurde wegen seiner Beteiligung am Attentat auf Hitler vom 20. Juli 1944 in Berlin-Plötzensee hingerichtet. Eine Gedenktafel am Schloss erinnert daran. In den DDR-Jahren kam die adlige »Erbfolge« zum Erliegen, war das Haus Kinderheim und später ministerielles Schulungs- und Ausbildungszentrum für Datenverarbeitung.

Heute wieder in Familienbesitz der Lynars, steht das Schlosshotel Lübbenau als Vier-Sterne-Quartier für Tradition und gehobene Lebensart, ist es gefragte Einkehrstätte für alle Spreewaldentdecker.

Die nach der Wende restaurierten Räume verbreiten Gemütlichkeit und Noblesse mit einer leicht beschwingt-heiteren Note, wie sie den aus der

Das Schloss befindet sich heute wieder im Familienbesitz der Grafen zu Lynar.

Die Orangerie – Ort festlicher Begegnungen.

Vestibül mit Holzsäulen und herrschaftlichem Treppenaufgang.

Toskana stammenden Hausgründern eigen war. Vom Foyer mit dem herrschaftlichen Treppenaufgang, in dem auch größere Empfänge stattfinden, mit Holzsäulen, Originalgemälden und Devotionalien aus dem Lynar'schen Familienbesitz gelangt der Besucher in die Gasträume, die in unterschiedlicher Manier gestaltet sind und im reizvollen Kontrast zueinander stehen: das Hotelrestaurant (50 Plätze) mit blitzenden Messingkronleuchtern an stuckverzierter Decke und weißen Sitzmöbeln im Biedermeierstil, die Jagdstube (40 Plätze) in sattem Dunkelgrün und mit edler Holzvertäfelung oder – eine Treppe tiefer – der Rote Salon (40 Plätze) mit Kamin und Bibliotheksecke, Flügel und bequemen Sesselgruppen. Auf der Schlossterrasse (100 Plätze), wo in alten Zeiten die Kutschen vorfuhren, hat der Gast einen weiten Blick auf den Park mit seinem schönen Baumbestand, mit Efeuhaus und der von 12 dorischen Säulen getragenen Orangerie, die zum großen gastronomischen Wintergarten und Bankettraum um- und ausgebaut wurde (120 Plätze).

Das ganze Anwesen ist individuell bis ins Detail, kein Raum, kein Gegenstand gleicht dem anderen. Alle 46 Suiten und Zimmer, ausgestattet mit englischen und italienischen Stilmöbeln, haben ihren eigenen Charakter. Stilvoll und fürstlich wohnen – verheißt der Prospekt. Wer hier einkehrt, erfährt dies in wohltuender Weise. Ob kleine Abschlussfeier am Kamin, Familienfestlichkeit im Großen Saal, Hochzeitsfeier nach Trauung im hauseigenen Standesamt oder Jahrestagung in der Orangerie – das Haus ist idealer Austragungsort für Veranstaltungen aller Art von elegant bis rustikal. Im exklusiven Saunagarten mit Dampfbad kann der Gast auf angenehmste Weise entspannen.

An allen Tagen sorgen Küche und Keller des Schlosshotels für leiblichen Genuss. Mediterran verfeinerte Spreewaldspezialitäten – die altlynar'sche Heimat Toskana lässt grüßen – und eine gehobene internationale Küche, ausgezeichnet im »Gault Millau« und im »Feinschmeckerlexikon«, werden zum

Roter Salon mit Kamin und Bibliotheksecke.

besonderen kulinarischen Vergnügen. Zu solchen, nicht alltäglichen, Köstlichkeiten von Hof und Feld, Wald und Wasser zählen dann ein Rehrückenfilet im Wirsingblatt mit Holundersauce, Teltower Rübchen und Rosmarinkartoffeln oder auch ein Zanderfilet, kross auf der Haut gebraten, dazu Kartoffelpüree mit Schinkenspeck und Senf sowie Salatgurken in Meerrettich-Dillrahm.

Zu allen Jahreszeiten hält das Hotel erlebnisreiche mehrtägige Arrangements bereit – mit Schloss-Diner bei Kerzenschein, romantischen Kutsch- oder Kahnfahrten zu zweit vom schlosseigenen Anleger aus, Osterbrunch auf der Schlossterrasse, einer Fackelwanderung durch den Schlosspark oder auch einer Besichtigung von Sehenswürdigkeiten in Lübbenau. Es ist zugleich idealer Ausgangspunkt für romantische Erkundungen auf den kilometerlangen Rad-, Wasser- und Wanderwegen in und durch den Spreewald.

Die Jagdstube im Schlosshotel Lübbenau.

Schlosshotel Lübbenau
Schlossbezirk 6
03222 Lübbenau
A 13 Abfahrt Lübbenau, von dort Richtung Altstadt/Hafen
03542/873-0
03542/87 36 66
www.schloss-luebbenau.de
hotel@schloss-luebbenau.de
Hotel durchgehend
Restauration täglich ab 11.00 Uhr
Inhaber:
Hotelbetriebsgesellschaft Schloss Lübbenau mbH
Geschäftsführer:
Guido und Rochus Graf zu Lynar

Zum fröhlichen Hecht

Kunstmaler warben um die Wende zum 20. Jahrhundert für Lehde als Klein-Venedig, nachdem 1880 die ersten Gesellschaftsfahrten in den Spreewald begonnen hatten. Die Idee dazu kam vom Görlitzer Kunstprofessor Woite, der seit den achtziger Jahren immer wieder in hiesigem Gasthaus Station machte und hier nach seinen eigenen Worten »ganz vorzügliche junge Hechte mit der noch vorzüglicheren Spreewaldsoße« serviert bekam. Er war der Namensgeber des Gasthofs. Auf seine Veranlassung versandte der seinerzeitige Besitzer, Gastwirt Richter, Werbeprospekte an Künstler in ganz Deutschland, in denen der Spreewald als Künstlermotiv in den höchsten Tönen gepriesen wurde. Und tatsächlich – sie kamen, sahen und malten. Der Gasthof Zum fröhlichen Hecht hat somit wahre Pionierarbeit für den Spreewaldtourismus geleistet. Zudem ist er mit seinem Gründungsjahr 1640 das älteste Gasthaus hierzulande. Damals war es sogar die einzige dörfliche Wirtsschänke. Von Anfang an in Familienbesitz, wurde diese Tradition in all den Jahrhunderten bis auf den heutigen Tag gewahrt.

Das »im Zentrum« Lehdes liegende Gasthaus erinnert äußerlich zunächst an einen großen Bauernhof. Das massige Gebäude verrät heute sein respektables Alter nur noch am Giebel zum Fließ hin. Es wurde vor einigen Jahrzehnten – durchaus mit Respekt vor seiner Historie – um- und überwiegend neugebaut. Der Gast findet hier einen Spreewaldflecken in aller Urtümlichkeit: im Altwendischen Saal (120 Plätze) oder in der darüberliegenden Bauernstube mit offenem, von dicken Balken durchzogenen Giebel (65 Plätze), auf der Freiterrasse am Wasser (80 Plätze), im Trachtenzimmer (50 Plätze) mit Bildmotiven und Dekorationsstücken der alten sorbischen Kirchgang- und

Freiterrasse am Wasser.

Der Fröhliche Hecht ist einer der traditionsreichsten Gasthöfe der Region.

Bauernstube im Obergeschoss.

Festtagstracht oder in der kleinen gemütlichen Fischerstube mit Bar (25 Plätze) und großem Aquarium.

Fischerstube mit Aquarium.

Den Raubfisch, der zugleich Namenspatron des Hauses ist, können die Gäste in natura im Hechtgraben am Gebäude bewundern und ihn nach altüberlieferten Rezepten auf Platte und Teller genießen. Denn was wäre ein echtes Spreewaldsmahl, wenn nicht ein Hecht auf dem Tisch stünde! Machte doch schon in alten Zeiten im Fröhlichen Hecht vor Mahlzeiten der volkstümliche Reim die Runde *Die Leber ist von einem Hecht*
und nicht von einer Schleie.
Der Fisch will trinken, gebt ihm was,
dass er vor Durst nicht schreie.

Und so kommt er dann auf den Tisch: gekocht – auf Gemüse aus Möhren, Sellerie, Lauch, Petersilienwurzel und Zwiebeln unter Zugabe von Weißbier, in Buttermilchrahm und mit Butterflöckchen – oder gebacken – gewendet in Mehl, verquirlten Eiern und Semmelbröseln, in der heißen Butter goldbraun gebraten. Dazu empfiehlt sich ein hausgemachter Kartoffelsalat nach Art der sorbischen Fischer in der Lausitz. Für den Durst steht jederzeit ein schwarzes Babbenbier aus Lübbenau, ein Schoppen trockenen Weins und zur besseren Verdauung vielleicht noch eine »Spreewälder Hechtsuppe« – ein Kräuterlikör aus der Region – oder ein Lübbenauer Bierschnaps – ein Bierlikör aus würzigem dunklen Bier – parat.

Ein guter Einfall war es schon, gleich neben dem ältesten Gasthaus des Spreewalds das Freilandmuseum von Lehde anzusiedeln, Gastlichkeit mit altem Brauchtum sozusagen »im Doppelpack« zu präsentieren. Seit 1957 gibt es Besuchern Einblick, wie die sorbischen Bauern vor Jahrhunderten lebten.

Drei für den Oberspreewald typische Höfe sind hier in originaler Gestalt »versammelt«. Hinzu kommen Backhaus, Stallanlagen und Kräutergarten, die älteste Kahnbauerei Lehdes von 1884 sowie eine Trachtenausstellung, Kunstgalerie, Töpferei und Blaudruckwerkstatt.

Zum fröhlichen Hecht
Dorfstraße 1
03222 Lübbenau/OT Lehde
A 13, Abfahrt Lübbenau auf die B 115 durch Lübbenau nach Lehde
☎ 03542/27 82
Fax 03542/25 40
www.zumhecht.com
info@zumhecht.com
1.4. bis 31.10. täglich ab 10.00 Uhr
in den übrigen Monaten nach Vereinbarung
Inhaber: Klaus Vater

Freilandmuseum Lehde
☎ 03542/24 72
Fax 03542/40 34 25
1.4. bis 15.9. täglich 10.00 bis 18.00 Uhr
16.9. bis 31.10. täglich 10.00 bis 17.00 Uhr
an anderen Tagen nach Vereinbarung

Fischkasten/Oppott

»Die Welt in einer Nussschale« meint seit Goethes Zeiten Sehenswertes einer ganzen Region auf kleinstem überschaubaren Raum, zum greifen, fühlen und erleben nah. So wie im Spreewalddorf Lehde mit seinen 28 Inseln. Erst seit Ende der zwanziger Jahre ist der malerische Ort durch einen Landweg mit der »Spreewaldmetropole« Lübbenau verbunden; vorher war er nur mit dem Kahn zu erreichen. Auch heute noch – einzigartig in Deutschland – wird die Post mit Booten befördert.

Am Ortseingang von Lehde, auf der romantischen Dolzke-Insel, laden gleich mehrere Gasthäuser mit Herbergen zur Einkehr: Hirschwinkel und Quappenschänke sind eher jüngeren Datums, das Spezialitätengasthaus Fischkasten hingegen hat eine längere, unverwechselbare Geschichte. Es ist ein architektonisches wie gastronomisches Kleinod – ganz und gar verbunden der jahrhundertealten Fischereitradition hierzulande. Dabei war es schon etwas gewagt, das eher einer alten vornehmen Villa gleichende Haus dem Namen nach in jenes Behältnis zu »verwandeln«, in dem im Spreewald direkt am Fließ vor der eigenen Haustür Fische lebend aufbewahrt werden. Besticht doch das Gebäude zunächst durch seine für den Spreewald nicht alltägliche Architektur. Es handelt sich nämlich um das einzige noch erhalten gebliebene Jugendstilgebäude in und um Lehde. Bei Wahrung seiner ursprünglichen baukünstlerischen Gestalt wurde es mit viel Mühe und mit Liebe zum Detail restauriert. Seit 1996 empfiehlt sich nun die ganz in rotem Backstein gehaltene einstige Villa mit dem markanten Giebel und laubenartigen Balkon als gehobenes Fischspezialitätenrestaurant mit Weinkeller (45 Plätze) und komfortablen Fremdenzimmern.

Auf der Dolzke-Insel liegen Gasthaus Hirschwinkel, die Quappenschänke und der Fischkasten.

Gut und zünftig feiern lässt es sich in dem alten Gewölbekeller, wenn im Kamin die Holzscheite lodern und Spreewälderinnen in ihrer Tracht die Gäste bedienen. Einen besonderen optischen Reiz übt der den Raum beherrschende über 100-Jahre alte Backofen mit gusseisernen Ofentüren und originaler Ziehvorrichtung aus. Er ist das Herzstück für die Zubereitung des großen Schmauses mit verschiedenen Braten, die darin entstehen, eine Wildbretpfanne etwa, gebackene Schulter oder auch knuspriges hauseigenes Brot. Natürlich kommen – dem Namen der Gaststätte und der Tradition geschuldet – vielfältige Fischspezialitäten aus der hauseigenen Räucherkammer hinzu.

An schönen Tagen lässt sich das kulinarische Vergnügen in den reizvollen, von alten Eichen und Sumpfzypressen gesäumten Sommergarten mit seinen romantischen Laubenecken und -plätzen verlegen.

Im gegenüberliegenden Gasthaus Hirschwinkel, einem stilvollen Blockhaus mit riedgedecktem Dach und blumenreichem, vom Wasser umflossenen Sommergarten, an dem auch Kähne anlegen, wird die Jagd als uraltes Brauchtum und Erwerbsgrundlage im Spreewald lebendig. Erst 1650 wurde hier der letzte Bär geschossen, 1746 der letzte Elch und 1844 der letzte Wolf erlegt. Im Hirschwinkel bietet die Speisekarte Wildbret in vielen Variationen, und bei dem im Sommerhalbjahr jeden Mittwoch veranstalteten »Jägerabenden« wird zum erlebnisreichen gastronomischen »Halali« geblasen.

Nur ein paar Steinwürfe weiter liegt die Quappenschänke. Die im behaglichen Landhausstil eingerichteten Zimmer und Appartements laden zu längerem Verweilen ein. Sie erinnert an den Fischreichtum des Spreewalds und möchte ihren Gästen die Region in ihrem ganzen Reichtum erschließen. Ein umfangreiches, auf die Jahreszeiten bezogenes Hausveranstaltungs- und Kahnfahrtenprogramm bietet vielfältige Möglichkeiten zum Kennenlernen von Land und Leuten – ob Oster-, Erntedankfest oder der traditionelle Fischmarkt mit Abfischen im Oktober. Im Winter locken Schlittenfahrten und Wanderungen durch die verschneiten Wälder und Auen oder auf vereisten Fließen.

Spezialitätenrestaurant Fischkasten mit eigenem Weinkeller und Fremdenzimmern.

Ausstellungstücke im Hof des Gurkenmuseums.

Abb. oben: Restaurant Quappenschänke.

Das Gasthaus Oppott – romantisch eingebunden in die Spreewälder Lagunenlandschaft.

Fischkasten
An der Dolzke 6
03222 Lübbenau/OT Lehde
A 13, Abfahrt Lübbenau auf die B 115 durch Lübbenau nach Lehde
03542/89 99 0, 89 99 60 und 89 99 70
03542/89 99 10
www.spreewald-starick.de
starick@spreewald.de
Hotel durchgehend
Restauration 1.4. bis 31.10.
Mittwoch bis Freitag ab 17.00 Uhr
Wochende ab 11.00 Uhr, Montag und Dienstag geschlossen, ganzjährig auf Bestellung

Hirschwinkel, Quappenschänke und Museum
Anschrift, Tel./Fax siehe oben
Hotel durchgehend
Restauration 1.4. bis 31.10. täglich ab 11.00 Uhr
ganzjährig nach Vereinbarung

Gasthaus Oppott
An der Quodda 1
03222 Lübbenau/OT Lehde
03542/ 28 44
03542/ 89 99-10
www.spreewald-starick.de
starick@spreewald.de
vom 1.4.-31.10. täglich ab 11 Uhr
In den anderen Monaten nach Vereinbarung.
Inhaber: Familie Starick

Übrigens kann die Spreewalderkundung gleich hinter der Haustür beginnen. In einem der ältesten Gebäude Lehdes nämlich, gleich neben der Quappenschänke, wurden ein sorbisches Bauernhausmuseum und ein Gurkenmuseum – das einzige seiner Art in Deutschland – eingerichtet. Auch eine ständige Ausstellung zur Jagd und zur Fischerei in der Region fanden hier ihren Platz. Mit Akribie und Sammlerfleiß hat Hausherr Starick, von Kind auf mit dem Spreewald innig verbunden, ein Stück Geschichte lebendig gemacht. Anhand von originalen Einrichtungsgegenständen und Werkzeugen aus früheren Wirtschafts- und Wohngebäuden, aus Stall und Feld kann sich der Besucher ein anschauliches Bild vom Leben der Spreewaldbauern machen.

Eine ganz besondere Attraktion für den Liebhaber Spreewälder Küche ist das kleine Gurkenmuseum mit originalen Eichen- und Buchenholzfässern aus der Zeit um 1900, die bis zu 3,5 Tonnen fassen. Hier erfährt der Gast, nach welchen Rezepturen die Gurken damals – immerhin werden sie im Spreewald seit dem 16. Jahrhundert angebaut – und heute noch eingelegt werden und so ihren unnachahmlichen Geschmack erhalten: die »gemeine« saure Gurke, die Gewürz-, Senf-, Pfeffer- oder Knoblauchgurke.

Nur ein paar Kahnminuten weiter findet sich eines der reizvollsten, ebenfalls zum gastlichen Ensemble der Familie Starick gehörenden Restaurants im Spreewald: das Gasthaus »Oppott« (aus dem Wendischen »Trampelpfad«). Eingebunden in die romantische Lagunenlandschaft mit ihrer ganzen Ursprünglichkeit ist das aus einem ehemaligen Kuhstall entstandene Wirtshaus nur per Kahn oder über eine Hochbrücke (»Bänke«) zu erreichen. Drei Gaststuben im typischen Spreewaldambiente und ein malerischer Sommergarten am kleinen Hafen, wo die Boote an und ablegen, laden zum Verweilen und Genießen einer originalen Spreewaldküche ein – Fisch etwa in der seit Generationen überlieferten, einzigartigen Spreewaldsauce oder auch die unvergleichlichen hausgemachten Hefe-Plinsen.

Zur Bleiche Resort & Spa

Die zartblau blühenden Leinfelder bestimmten über Jahrhunderte das Bild der Spreewalddörfer. »Leineweberfabriquen« wurden gegründet, ebenso Bleichereien. Für eine von ihnen legte sogar Friedrich der Große anno 1750 den Grundstein – für das Bleichhaus in Burg nämlich. Der Preußenkönig mit viel Sinn fürs Wirtschaftliche brauchte Röcke für seine Soldaten. Dafür nutzte er die günstigen Standortbedingungen der von ihm eroberten Spreewaldgebiete um Burg. Als mit der Industrialisierung das Weben und Bleichen hierzulande buchstäblich »die Spree hinuntergingen«, wurde aus der Burger Bleicherei ein Gasthof und später eine Herberge.

Das Hotel Zur Bleiche – in den DDR-Jahren FDGB-Heim – hat nach der Wende die Tradition des Hauses neu aufgenommen. Fangen wir dort an, wo der Stress garantiert aufhört und der Gast seine körperliche und seelische Balance findet: in der Landtherme. Auf 4000 Quadratmetern vereint das Badehaus einen Wellnessbereich mit Innen- und Außenpools, Massage- und kosmetischen Behandlungen, Sprudelbad und Saunen bis zum echt türkischen Hamam mit Reinigungszeremonien, kalten und warmen Güssen und einer Ganzkörper-Seifen-Massage nach altüberliefertem Brauch. Ein wahrer Jungbrunnen tut sich auf in den hohen schönen Räumen, luftig und warm, den Bädern und Schwimmbecken mit Kamin, in dem die Holzscheite prasseln, oder im Saunagarten inmitten grüner Wiesen.

Spreewaldtradition lebt an jedem Ort der Bleiche: im Herbergsbereich ebenso wie in den individuell gestalteten Restaurants. Die 90 Einzel- und Doppelzimmer mit 16 Suiten duften förmlich nach frischem Leinen, sind ländlich-kuschelig eingerichtet und mit viel Holz ausgestattet. 13 Suiten verfügen über eigene Sauna und Hamam. Von der lichtdurchfluteten Hotelhalle

Restaurant 17 Fuffzig mit Möbeln aus heimischem Korbgeflecht.

mit Hirschbrunnen aus dem 16. Jahrhundert als Blickfang gelangt der Gast in die Restaurations- und Aufenthaltsräume.

Von ganz besonderem optischen Reiz ist das Restaurant 17 Fuffzig mit Möbeln und Decke aus heimischem Korbgeflecht. Es wurde ob seines vorzüglichen gastronomischen Services vom »Gault Millau« mit 17 Punkten und drei Kochmützen ausgezeichnet. Der an die Grundsteinlegung durch den »Alten Fritz« erinnernde Name der Gaststube schließt zugleich eine dezente Verbeugung vor dessen Schlemmerkünsten ein. Die Fischerstuben mit ihren Wandbänken, der niedrigen Holzbohlendecke, den weißen Kissen aus Leinen und den Fischereiutensilien laden zum zünftigen Petri-Schmaus ein. In der Wendenstube lebt die alte sorbische Blaudrucktradition in den Stoffen und Möbelbezügen, und der Kahnschuppen, direkt vor der Fischerstube, mit der originalen Holzdielung und dem großen langgezogenen blankgescheuerten Tisch, ist vorzüglich für kleine gemütliche und genüssliche Feiern geeignet. Mit seinem Scheunentor öffnet er zugleich den Zugang zum Biergarten unter hohen alten Kastanienbäumen wie auch zum hauseigenen Kahnhafen, dessen quirlige Szenerie man auch von Terrasse und Veranda aus gut beobachten kann (8 Restaurants mit insgesamt 250 Plätzen). Der Marstall, wo in der Postkutschenzeit die Pferde gewechselt wurden, kann für offizielle Anlässe, für Tagungen oder Konferenzen mit bis zu 150 Personen genutzt werden.

Natürliches und Wohlschmeckendes bringen Küche und Keller auf den Tisch, Typisches aus der Region ebenso wie Speisen und Getränke der verfeinerten Art. Die Kräuter aus dem hauseigenen Gewürzgarten verleihen den Speisen ihren unnachahmlichen Geschmack – ob den äußerst abwechslungsreichen Gerichten mit Spreewälder Quark oder dem gebratenen Zanderfilet, mit Wurzelgemüse und Salbei gespickt, der honiggebeizten Barbarie-Entenbrust in Rosmarinsoße oder den hausgemachten Bandnudeln mit frischen Morcheln im Rahm mit fritiertem Bärlauch. Frische und Bodenständigkeit der Produkte werden bei den Hausköchen groß geschrieben.

Wellness bietet die Landtherme mit Schwimmbad am offenen Kamin.

Rotes Restaurant.

Sicher einer der gemütlichsten Räume im Romantik Hotel: die Fischerstube.

Zur Bleiche Resort & Spa
Bleichestraße 16
03096 Burg
A 13, Abfahrt Vetschau nach Burg, dann über die Bahnhofstraße nach Burg-Kolonie
035603/620
035603/602 92
www.hotel-zur-bleiche.com
reservierung@hotel-zur-bleiche.com
Hotel durchgehend
Restauration für Hotelgäste täglich durchgehend
A-la-carte-Restaurant 17 Fuffzig
Mittwoch bis Sonntag 12.00 bis 14.30 Uhr
18.00 bis 22.00 Uhr
Inhaber: Familie Clausing

Schlossrestaurant Lübben

Eine Augenweide für den Besucher der kleinen Spreewaldstadt Lübben ist ihr 850-jähriges Schloss. Weithin leuchtend im matten Ockergelb, ziehen vor allem der reich verzierte Renaissancegiebel an der Ostseite sowie der wuchtige romanische Wohn- und Wehrturm mit seinen 2,80 Meter dicken Mauern die Blicke auf sich. Im Schloss residierten einst die Landes- und Burggrafen und Lübben, mit Stadtrecht seit 1220 ausgestattet, war das beherrschende Zentrum der Niederlausitz. Das berühmte, eine ganze Wand einnehmende Gemälde von August Oetken im Wappensaal des Schlossturms zeigt die Huldigung des neuen Landesherrn, Kurfürst Friedrich II., Eisenzahn, von Brandenburg durch die Lübbener Bürger vor den Toren der Stadt im Jahre 1448. 116 Wappen künden von Macht und Einfluss Lausitzer Adelsgeschlechter. Zugleich zeugt der zweigeschossige einstige Huldigungssaal, in dem heute Konzerte, Ausstellungen und Empfänge stattfinden, vom Kunst- und Repräsentationsbedürfnis der früheren Hausherren. Seitdem ist viel Wasser die Spree hinuntergeflossen, an deren Flussarm mit Schlangengraben das Schloss liegt. Erst eine Generalsanierung in jüngster Zeit bewirkte seine längerfristige Erhaltung und die Wandlung zu einer Begegnungsstätte für Kunst und Kultur. Darin hat neben dem Museum für Stadt- und Regionalgeschichte auch das Schlossrestaurant Lübben seinen Platz gefunden, das im Mai 2000 seine Pforten öffnete und den schon früher bekannten historischen Weinkeller im Schlossturm ablöste oder besser in sich aufnahm. Es verbindet in Gestaltung und Angebot Historie mit Moderne in einem spannungsvollen, ja leicht provokanten Kontrast. Schlossrestaurant, Hochzeits- und Vereinszimmer sowie Sommerterrasse mit eigener

Das Schlossrestaurant bietet internationale Spezialitäten kombiniert mit heimischen Produkten.

Kahnanlegestelle bieten bis zu 150 Gästen Platz. Die Küche kombiniert phantasievoll Urtypisches und Traditionsbezogenes mit internationalen Spezialitäten – bei größtmöglicher Einbeziehung der saisonalen heimischen Produktpalette. Das Ergebnis sind interessante Kreationen, die neugierig machen – etwa auf die gefüllte Wildschweinroulade mit Rahmwirsing und Kartoffelbällchen, dazu ein vollmundiger Dornfelder Rotwein, das norwegische Lachsfilet auf Spreewälder Meerrettich-Sahnesoße mit Schmorgurken und Basmatireis oder eine Kürbisschaumsuppe mit gebeizter Seeteufel-Hummer-Roulade.

Ein anspruchsvolles kulinarisches Programm, das besonders die langen Winterabende verkürzen helfen soll, sind die »Tafelfreuden an europäischen Höfen«. Hier weiß sich das Schlossrestaurant ganz in der Tradition fürstlicher Tafelkultur – seien die Veranstaltungen mit ihren Angeboten und vergnüglichen Informationen nun der Küche und dem Weinkeller Augusts des Starken oder Friedrich dem Großen und seinen Potsdamer Champagnerrunden gewidmet. Alle Register gastronomischen Könnens zieht das Restaurantteam bei Banketten, Bällen und Vereinsfeiern im Wappensaal oder bei den zahlreichen Hochzeiten im Schloss.

»Geh aus mein Herz und suche Freud in dieser lieben Sommerszeit« dichtete einst der berühmte Kirchenliedpoet Paul Gerhardt, der sieben Jahre lang, von 1669 bis 1676, in Lübben als Pfarrer und Archidiakon, Vorsteher eines Kirchensprengels, tätig war. Auch heute findet der Besucher von Lübben »viel Freud« an der inmitten des Spreewalds und an seiner engsten Stelle gelegenen, von zahlreichen Fließen durchzogenen mittelalterlichen Stadt. Ein kleiner wohlgemeinter Tipp für Verliebte: Im Lübbener Hain, einem Auenwald, können sie sich am »Liuba-Stein« von der sorbischen Göttin der Liebe und Fruchtbarkeit verzaubern lassen, die hier in grauen Vorzeiten ihren Wohnsitz gehabt haben soll.

Im Vereinszimmer.

Das historische Gemäuer beherbergt modern gestaltete Gasträume.

Schlossrestaurant Lübben
Ernst-von-Houwald-Damm 14
15907 Lübben
A 13, Abfahrt Freiwalde auf die B 115 nach Lübben
03546/40 78
03546/18 25 21
www.schlossrestaurant-luebben.de
Buchholz-Arno@t-online.de
1.4. bis 31.10.
Dienstag bis Sonntag 11.00 bis 24.00 Uhr
Montag Ruhetag
1.11. bis 31.3.
Dienstag bis Freitag 11.00 bis 15.00 Uhr
18.00 bis 24.00 Uhr
Sonnabend/Sonntag 11.00 bis 24.00 Uhr
Inhaber: Arno Buchholz

PARLIAMENT®

GENUINE RUSSIAN VODKA★

★ *milchgereinigt*

milch|*ge*|**reinigt** = in speziellen Produktions-Verfahren wird dem Vodka *Milch* zugeführt, die während des Gerinnungsprozesses alle schädlichen Stoffe aufnimmt; die Abfallprodukte werden sorgfältig abgeschöpft; ➛ man erhält den absolut *reinen* Edelvodka PARLIAMENT

Landgasthof Zum grünen Strand der Spree

Direkt am Kahnanlegeplatz und etwas versteckt hinter hohen alten Bäumen liegt der langgestreckte, ganz aus rotbraunen Klinkern gebaute Landgasthof. Die Bierfässer vorm Haus verraten seine jahrhundertealte Bestimmung: das Brauen edlen Gerstensafts. Seit 1788 nämlich liegt das Braurecht auf Tennerts Gasthaus. Sein Name rührt von den Gebrüdern Tennert her, die sinniger- und vielleicht durchaus ganz zweckmäßigerweise gleich mit Mutter und Tochter einer Schlepziger Familie verheiratet waren. Zuvor – um die Mitte des 18. Jahrhunderts – stand hier eine Korn- und Schneidemühle. Da sie für ihren Besitzer zu wenig einbrachte, wurde sie alsbald mit einer Schankstätte versehen.

Die Wandlung zur Gaststätte und Herberge mit einer heute 200-jährigen Familientradition ist dem Haus und der Region gut bekommen. All die Jahre bis in die DDR-Zeit war es eine allseits bekannte und beliebte Einkehrstätte für Einheimische und Touristen. Zu neuer Blüte gelangte sie seit 1990. Nach aufwendigem Um- und Ausbau von Gasträumen und Hotel wird der Gasthof heute von renommierten Reise- und Gaststättenführern empfohlen. Und was ihn in ganz kurzer Zeit weit über Schlepzigs Grenzen hinaus populär gemacht hat, ist die Wiederaufnahme des Bierbrauens.

Über zwei Etagen erstrecken sich die Gasträume (200 Plätze) mit kupferblitzenden Pfannen, Läuterbottichen und Bierleitungen, mit Lampen in Form von Sudkesselhauben. Von den Decken hängen Bierkrüge dicht an dicht, Körbe und Kupferbottiche in verschiedenen Größen. Vier Sorten an ober- und untergärigem Bier, hell und dunkel, werden hier gebraut nach deutschem Reinheitsgebot von 1516. Dazu gibt es eine deftige Küche mit Grillspezialitä-

Gaststätte und Herberge mit gut 200-jähriger Familientradition.

Brauhaus mit Gasträumen über zwei Etagen.

ten – ob Ente, Huhn oder Haxe – und für den ganz großen Hunger das Brauhausbuffet, bei dem gegessen werden kann, so viel jeder mag und verträgt. Auch das alte Brennrecht von 1788 ist jüngst im Haus wieder zum Leben erweckt worden mit über 80 verschiedenen Obstbränden bis hin zum Whisky.

Die ideale Ergänzung zum Brauhaus sind Landgasthof und Hotel. Die beiden miteinander verbundenen Restaurants (120 Plätze) sind gewissermaßen Gastraum, Wohnstube und Museum in einem – mit gediegenem alten Mobiliar und holzvertäfelten Wänden, geschickt darin eingebunden originale Zeugnisse vom Leben der Spreewaldbauern: ob Pferdeschlitten oder Kahn, Leiterwagen oder Wäschemangel. Hier wie auch im angrenzenden Terrassen-

Bick in die behaglich eingerichtete Veranda.

Der Festsaal.

Landgasthof mit gediegenem alten Mobiliar und holzvertäfelten Wänden.

garten (65 Plätze) unter Kastanien können die Gäste eine von Fachkritikern ausgezeichnete Küche genießen, die jeden Aufenthalt auch kulinarisch zum Erlebnis werden lässt: gutbürgerlich, regional gebunden und zugleich mit gehobenem internationalen Anspruch.

Gefragter Ort an schönen Tagen ist der Weidendom auf dem zum Hotel gehörenden Wiesengelände – ein floristische Kunstwerk aus Weidenruten, einem Dom nachempfunden (150 Plätze).

Wer den Unterspreewald als großes zusammenhängendes, fast unberührt anmutendes Naturschutzgebiet im Biosphärenreservat erkunden will, ist gut beraten, sich für ein paar Tage hier einzuquartieren. Der Herbergsbereich mit seinen 25 Zimmern und Suiten in einem stilvollen Landhaus bietet dazu allen modernen Komfort. Bei den abendlichen Kahnfahrten vom Haus aus gehört der Spreewald dem Gast ganz allein. Geselliger geht's zu bei Mitternachtsmenüs und Glühweintouren, kultur- und genussvoll bei romantischen Konzerten von Klassik bis Jazz. Besonders in den Wintermonaten möchte das Haus seinen Gästen den Spreewald von dessen vielfach noch ungewohnter Seite zeigen – wenn die Fließe und Teiche zufrieren, die Wälder eis- und schneeverkrustet sind und die ganze Region sich in ein Paradies für Schlittenfahrten, Schlittschuhlaufen und Winterwanderungen verwandelt.

In Schlepzig hat Gastlichkeit noch einen anderen bekannten Namen: Zum Unterspreewald. Der 250 Jahre alte Gasthof ist umrahmt von Legenden und Histörchen. Er ist für den Tagesbesucher eine willkommene Einkehrstätte, hier werden aber auch Dorffeste oder Feuerwehrbälle abgehalten. Ein Höhepunkt des Jahres ist immer wieder die Schlepziger Fastnacht im Februar, wenn nach altem sorbischen Brauch die Burschen und Mädchen von Haus zu Haus ziehen und »zampern«, also Eier und Brezeln, Speck und Geld sammeln. Dann wird im Gasthof tagelang gefeiert – mit Maskenball, Tanz und Frühschoppen, »Ablachen« und »Eierkuchenball«.

Landgasthof
Zum grünen Strand der Spree
Dorfstraße 53
15910 Schlepzig
A 13, Abfahrt Freiwalde über Schönwalde und Krausnick nach Schlepzig
035472/662-0
035472/473
www.spreewaldbrauerei.de
spreewaldbrauerei@t-online.de
Hotel durchgehend
Gasthof täglich ab 12.00 Uhr
Brauhaus täglich ab 11.00 Uhr
Im Winterhalbjahr
Brauhaus Montag Ruhetag
Gasthof Dienstag Ruhetag
Inhaber: Anja und Dr. Torsten Römer

Gasthaus Zum Unterspreewald
Dorfstraße 41
15910 Schlepzig
/ 035472/279
Dienstag bis Sonntag ab 11.00 Uhr
Montag Ruhetag
Inhaber: Michael Künzel

Cavalierhaus Branitz

Er war Schlachtenbummler, Gartenkünstler und Reiseschriftsteller, ein Gourmet von Welt und auch ein bisschen verrückt obendrein. Monarchen und Exzellenzen schätzten seine exotische Gastlichkeit, deren Tafelrunden und Tafelbücher von 3500 Speisen- und Getränkefolgen aus aller Herren Länder zu berichten wissen. Seine Phantasie schlug zuweilen merkwürdige Kapriolen. So fuhr er in Berlin Unter den Linden in einer Kutsche vor, die mit 4 Hirschen bespannt war. Die Rede ist von Hermann Fürst von Pückler-Muskau (1785–1871). Sein Erbe pflegt eine 1995 eigens gegründete Stiftung in Branitz. Als Herrensitz des Fürsten im Stil des Spätbarock 1772 erbaut, geben die nach historischen Vorlagen restaurierten Schlossgemächer, Arbeitszimmer, Salons und die Bibliothek Einblick in Leben und Werk des Adelsmanns. Der 100 Hektar große Park trägt die Handschrift des begnadeten Gartenarchitekten, ist in den Jahren 1846–1871 entstanden und gilt als einer der schönsten deutschen Landschaftsparks. Mit seinen künstlich angelegten Weihern, Bächen und Teichen, den Brücken und Hügeln, der üppigen Flora sowie der großen Erd- und der Seepyramide – letztere diente als Grabstätte des Fürstenpaares – bezeugt er die vollendete Harmonie von gestalteter Landschaft und Architektur.

Vis-à-vis dem Schloss und versunken im Park liegt das Cavalierhaus im Stil der englischen Tudor-Gotik. Einst war es das Gästehaus des Fürsten, heute ist es eine Stätte gastlicher Einkehr mit Restaurant, Hochzeitszimmer, Grünem Salon und schöner Gartenterrasse (insgesamt 220 Plätze) sowie einer kleinen Pension mit zwei ganzjährig vermietbaren Doppelzimmern. Schwere dunkle Möbel, Holzvertäfelungen und Raumteiler mit schönen Applikationen, Lüster aus böhmischem Kristall und goldumrandete Spiegel verleihen den Räumlichkeiten eine festlich-gehobene Note und machen zugleich neugie-

Schloss Branitz.

Das Haus diente dem Fürst von Pückler-Muskau als Gästeunterkunft.

Gutbürgerliche Küche wird hier angereichert mit regionalen Spezialitäten serviert.

rig auf das kulinarische Angebot. Eine gutbürgerliche Küche quer durch die deutschen Lande und mit einigen regionalen Spezialitäten wie Lausitzer Hefeplinsen, Forelle, frisch aus den nahen Peitzer Teichen, gedämpften Heilbutt in einer Spreewälder Meerrettichsoße, Lammroulade oder Wildspezialitäten wird geboten. Eine Lieblingsspeise des früheren Hausherrn gilt auch heute noch als bevorzugte Delikatesse: Fasanenbrustfilet mit Pilzrahmsoße, Butterschoten und Kartoffelkroketten, ebenso die von Pückler gern genossene Linsensuppe. Und natürlich darf zu keiner Zeit das unvergleichliche Pückler-Eis aus pürierten Erdbeeren, Schlagsahne in Maraschino, aufgeweichten Makronen mit Vanille-Schlagrahm und geschmolzener Schokolade fehlen. Das berühmte Dessert soll übrigens nicht von seinem Namensgeber kreiert worden sein. Ein hiesiger Konditormeister war der Erfinder – und die bis heute ungebrochene Popularität der süßen Versuchung sein Lohn. Zum Menü werden erlesene Weine und heimische Biere, frisch vom Fass, gereicht – ein Wernesgrüner oder auch ein Fürst-Pückler-Pils, das in Radeberg eigens und nur für das Cavalierhaus gebraut wird.

Sind schon Schloss und Park Branitz mit Marstall, der neogotischen Parkschmiede und dem Cavalierhaus zu jeder Jahreszeit ein willkommenes Ausflugsziel für Spreewaldgäste, so gilt dies gleichermaßen für die 800 Jahre alte Tuchmacherstadt Cottbus. Sie bietet zahlreiche Zeugnisse einer reichen Geschichte – von den Resten der mittelalterlichen Altstadt bis zum Cottbuser Stadttheater. Es wurde 1908 nach Plänen des Berliner Architekten Bernhard Sehring erbaut und ist das einzige innen wie außen im reinen Jugendstil gehaltene und noch bespielte Bühnenhaus Deutschlands.

Und um noch einmal auf den berühmten Sohn der Stadt Fürst Pückler zurückzukommen: von seinem Park Branitz aus spannt sich der traditionsreiche Bogen zur Bundesgartenschau 1995 in Cottbus, deren Farben- und Blütenpracht die Stadt in ein Mekka für Blumen- und Gartenfreunde verwandelte und ihr neuen Glanz verlieh.

Cavalierhaus Branitz
Am Schloss
03042 Cottbus
A 15, Abfahrt Cottbus Süd über Kiekebusch nach Branitz
☎ 0355/71 50 00
0355/753 68 73
www.cavalierhaus.de
1.4. bis 31.10. täglich ab 11.00 Uhr
1.11. bis 31.3.
Dienstag bis Sonntag 11.00 bis 19.00 Uhr
Montag Ruhetag
Inhaberin: Steffi Behrens

Schlossmuseum
☎ 0355/751 50
0355/71 31 79
April bis Oktober
Dienstag bis Sonntag 10.00 bis 18.00 Uhr
November bis März
Dienstag bis Sonntag 10.00 bis 17.00 Uhr
Montag geschlossen

Radigk's Brauhaus

Als im Jahre 1899 in den Berliner Germania-Sälen die Burleske von Wilhelm Wolff »Wir sind die Sänger von Finsterwalde« uraufgeführt wurde, ahnte wohl niemand, dass damit das Ackerbürgerstädtchen in der Niederlausitz als Sängerstadt bald Berühmtheit erlangen sollte. Über Nacht war mit dem gleichnamigen Lied der drei Klamottenkomiker Pampel, Knarrig und Strippe ein Gassenhauer geboren, den fortan fast jedes Kind kannte und sang. Finsterwalde war buchstäblich bald »in aller Munde« – und damit auch seine Gasthäuser und Kneipen. Und so wird auch heute beim Sängerfest in Finsterwalde durch Chöre und Solisten an diese Tradition erinnert. Keine Spur mehr vom »finsteren Walde«, als welcher der Ort vor über 700 Jahren ob des damaligen sumpfigen, dicht bewaldeten Landstrichs seinen Namen erhielt. »Sängerwalde« wäre da heute schon angebrachter, nicht zuletzt dank solch stimmungs-, genuss- und kulturvoller Einkehrstätten wie Radigk's Brauhaus. Hier läuft das ganze Jahr über ein buntes Programm von musikalischen Veranstaltungen und Gesangsdarbietungen.

Das Brauhaus befindet sich seit sechs Generationen in Familienbesitz. Stammvater Ernst Radigk erwarb das Grundstück 1899. In der ursprünglich kleinen Schankwirtschaft mit dem wohlklingenden Namen Silberglöckchen machten während der Ausspanne die ein- und ausfahrenden Kutscher Rast, verkehrten später die Metallgießer, die ihre Kneipe kurzerhand Werk-II nann-

Radigk's Brauhaus befindet sich seit sechs Generationen in Familienbesitz.

Zum selbstgebrauten Bier wird ein wechselndes Angebot an Wild, Fisch und Geflügel serviert.

In der ebenerdigen Gaststube hat sich das Flair einer gemütlichen Dorfkneipe erhalten.

ten, und auch in den DDR-Jahren war das Haus, von der Familie in Kommission der Staatlichen Handelsorganisation HO geführt, eine beliebte Einkehrstätte.

Doch all das hält keinen Vergleich zum heutigen Brauhaus stand, das der Ur-Ur-Ur-Enkel Bernhard im letzten Jahrzehnt in den alten Gemäuern einrichtete. Hier lebt die über 200-jährige Finsterwalder Brautradition wieder auf, wird aus Hopfen, Malz und gutem Wasser vom erfahrenen Braumeister ein vollmundiges, herb-frisches Radigk's Wirtshausbräu kreiert, das es nur hier gibt: ein helles Pilsner, ein Schwarzbier und ein Spezial (je nach Saison Bock oder Weizen) – so an die 1 000 Hektoliter im Jahr. In der urigen Alten Kneipe (80 Plätze), inmitten von Bierutensilien aller Art, Geschirren und Rädern von alten Bierwagen an Wänden und Decke, Bierfässern, Bierschildern und -krügen aus Ton, schmeckt das Frischgezapfte noch einmal so gut. Einladend sind auch die Gasträume des Brauhauses (insgesamt 200 Plätze) im oberen Geschoss mit kleiner Bar. Oma Friedas Gute Stube (35 Plätze), für kleine Gesellschaften zu mieten, und natürlich der obligate Biergarten (bis zu 300 Plätzen) vervollständigen das gastliche Ensemble.

Zum wohltemperierten Bier gehört ein deftiges Essen. Auch dafür ist die Gastwirtschaft weithin bekannt. Aus dem im Gastraum stehenden Backofen kommt eine Spezialität des Hauses: das Treberbrot (Treber = Rückstände vom Malzschrot im Brauprozess) oder auch ein würziger Backschinken – Kasslernacken vom Schwein im kernigen Treberteig. Viel verlangt wird das Bierfleisch aus magerem Rind- und Schweinefleisch, mit frischem Wurzelgemüse der Saison, Kartoffeln und geriebenem Treberbrot mit Kümmel. Darüber hinaus gibt es ein ständig wechselndes Angebot an Wild und Fisch, Geflügel, Salaten und Vegetarischem.

Radigk's Brauhaus
Sonnewalder Straße 13
03238 Finsterwalde
A 13, Abfahrt Großräschen auf die B 96 nach Finsterwalde
☎ 03531/22 86
03531/70 99 38
www.radigks.de
Alte Kneipe täglich ab 11.00 Uhr
Brauhaus-Gasträume täglich ab 18.00 Uhr
Inhaber: Familie Radigk

Schreiber's Goldener Hahn

Die Besitzer des Goldenen Hahns können ihren Stammbaum bis zur Mitte des 15. Jahrhunderts zurückverfolgen, sie waren eine ganze Dynastie von Landwirten. Ob allerdings der Name der beliebten Einkehrstätte, die die Schreibers heute in der dritten Generation betreiben, von »Ackerbau und Viehzucht« herrührt oder aus der Zeit der Gründerjahre des Gasthofs als Bierkneipe um 1860 stammt, abgeleitet vom »goldenen« Gerstensaft, der reichlich aus dem Hahn floss, darüber streiten sich die Geister. Fest steht jedenfalls, dass der Goldene Hahn als Speisewirtschaft erst unter den Schreibers seine Blüte erfuhr.

Der »kulinarische Leuchtturm der Region« (»Der Tagesspiegel«) erstrahlt nach einer umfassenden Renovierung auch von innen. Gediegene Atmosphäre und klassisch-elegantes Interieur empfangen den Gast im Restaurant (60 Plätze) und im Kaminzimmer (12 Plätze) wie auch im hinzu gekommenen Bankettraum (40 Plätze), der einen direkten Zugang zum verträumten Weingarten im Innenhof öffnet (60 Plätze). Küchenchef Frank Schreiber, der auch gastronomische Kochkurse veranstaltet, möchte, so sagt er, »der Seele des Gastes mit seinen Kreationen schmeicheln«. Der mit vielen nationalen und internationalen Auszeichnungen bedachte Meisterkoch, gekürt u. a. 1997 in Toronto zum Jugendweltmeister beim »Taste of Canada«, und jüngst erst »Brandenburger Meisterkoch des Jahres 2006«, weiß, wovon er spricht. Als Mitglied der Europäischen Union der Spitzenköche EUROTOQUES, die unter der hohen »Kochmütze« (französisch = toque) über 3 000 Küchenchefs aus aller Welt vereint, will er mit seiner kulinarischen Kunst dazu beitragen, das Gefühl für gute Geschmackskompositionen und natürliche Zutaten auch im Zeitalter von

Im Goldenen Hahn wird die kulinarische Kunst gepflegt: Frank Schreibers Basilikum-Quarkeis mit Erdbeeren.

Fast-Food und Instant-Produkten zu erhalten oder zurückzugewinnen. So finden denn solche lukullischen Köstlichkeiten regen Zuspruch wie geschäumte Lauchsuppe mit gebratenem Saiblingstatar und Saiblingskaviar, Stubenküken auf Gänseleberrisotto mit geröstetem Rosenkohl und Feigensauce, Spanferkelrücken an Dörraprikosensauce oder geliertes Portweinsüppchen mit Trauben und Sorbet von grünem Tee. In der umfangreichen Weinkarte mit 190 Positionen finden sich exklusive Tropfen, Raritäten und viele Qualitätsweine aus den renommiertesten Anbaugebieten.

In der gemütlichen Hotelpension – 12 Zimmer im behaglichen Landhausstil eingerichtet und mit allem zeitgenössischen Komfort ausgestattet – können Urlauber und Reisende ihren Aufenthalt zugleich auch für Entdeckungen in Finsterwalde und Umgebung nutzen. Die Sängerstadt ist ja nicht nur zum Sängerfest, das alle zwei Jahre am letzten Augustwochenende stattfindet, eine Reise wert. Ihre Baudenkmäler und Museen vereinen Mittelalter und Neuzeit zu einem spannungsvollen Bogen bis hin zu eindrucksvollen Zeugnissen jüngerer, mit Braunkohlenförderung und -verarbeitung verbundener Industriekultur. So trifft der Besucher im unweit gelegenen Domsdorf auf »Louise«, die mit ihren 120 Jahren älteste Brikettfabrik Europas und heute technisches Denkmal. Im benachbarten Lichterfeld kann er den »liegenden Eifelturm« bewundern, die ebenfalls zum technischen Denkmal erhobene größte Förderbrücke der Welt. Sie bis zur Plattform in ca. 80 Metern Höhe und auf einer Strecke von fast 2 Kilometern zu erkunden, erfordert schon einige Kondition. Wer sich hingegen mit Zeugnissen fernerer Geschichte vertraut machen möchte, der wird u.a. im benachbarten Doberlug-Kirchhain fündig werden mit der um 1228 geweihten Zisterzienser-Klosterkirche als dem bedeutensten spätromanischen Kirchenbau der Niederlausitz, dem Renaissanceschloss oder dem Weißgerbermuseum.

Eine weitere Spezialität des Meisterkochs: Seeteufelmedaillon.

Klassisch-elegantes Interieur gibt den Gasträumen das Gepräge.

Schreiber's Goldener Hahn
Bahnhofstraße 3
03238 Finsterwalde
A 13, Abfahrt Großräschen auf die B 96 nach Finsterwalde
03531/22 14
03531/85 35
www.schreiber-cuisine.de
info@schreiber-cuisine.de
Hotel durchgehend
Restauration Dienstag bis Sonnabend ab 11.30 Uhr, Sonntag geschlossen
Montag ab 17.00 Uhr
Inhaber: Dieter und Frank Schreiber

VIERSEITHOF

Als Preußenkönig Friedrich II. dem Frankfurter Kaufmann Thomas de Vins per Dekret vom 12. Oktober 1781 die Konzession zum »Betrieb einer Wollzeugfabrik« erteilte, war das die Geburtsstunde des Vierseithofs. Es entstanden das barocke Herrenhaus als Wohnsitz der Familie, dann Manufakturräume, Spinn- und Färbstuben, Zwirnmühlenstuben und Schurkammern. Die architektonisch eindrucksvolle Vierflügelanlage wurde gemeinsam mit später hinzugekommenen Fabrikgebäuden für zwei Jahrhunderte – bis zum Ende der DDR – zu einem Inbegriff für die Luckenwalder Tuchmacherzunft.

Die Berliner Unternehmensgruppe HABERENT hat im Rahmen der Neubebauung des Geländes das denkmalgeschützte Herrenhaus nach aufwendigen Restaurierungsarbeiten 1997 als Vier-Sterne-Hotel eröffnet – mit 43 elegant-gemütlichen Zimmern, individuell gestaltet und ausgestattet mit bestem Komfort, mit Wellness-Bereich und Schwimmbad, Sauna, Saunagarten und Solarium. Das Restaurant (50 Plätze) besticht nicht nur durch die klassisch-moderne Eleganz seiner Einrichtung, sondern auch durch die prachtvolle preußische Kappengewölbedecke. In der rustikalen, holzgetäfelten Weberstube (33 Plätze) schreitet der Gast auf dem Dielenboden von 1782. Der Glassaal mit Glasdach, in dem früher bei Tageslicht die produzierten Stoffballen begutachtet wurden, dient heute als exklusiver Tagungsraum für kleine Konferenzen. Und dort, wo zu Kaufmann de Vins Zeiten die Kutschen vorfuhren, speist heute der Gast auf der Sonnen-Hofterrasse (bis zu 150 Plätze) und hat dabei das malerische geschlossene Gebäudeensemble gewissermaßen wie ein umlaufendes Bild vor Augen.

Hotel VIERSEITHOF in den ehemaligen Manufakturräumen einer Wollzeugfabrik, rechts im Bild die Kunsthalle.

Restaurant mit klassisch-moderner Einrichtung unter einer preußischen Kappengewölbedecke.

VIERSEITHOF
Haag 20
14943 Luckenwalde
A 10, Abfahrt Genshagen auf die B 101 über Trebbin nach Luckenwalde
03371/62 68-0
03371/62 68 68
www.vierseithof.com
info@vierseithof.com
Hotel durchgehend
Restaurant täglich 12.00 bis 14.00 Uhr
und 18.00 bis 22. 00 Uhr
Weberstube ab 10.00 Uhr
Inhaber VIERSEITHOF: HF Berlin-Brandenburg Grundbesitz GmbH
Geschäftsführerin: Herma Gruenewald

Das leibliche Vergnügen ist vor allem dem mit zahlreichen Auszeichnungen, darunter einer der begehrten »Gault-Millau«-Hauben bedachten jungen Meisterkoch Dieter Kobusch und seinem Team zu danken. Verblüffend die Vielfalt, phantasievoll die Kreationen aus regionalen und saisonalen Produkten, die den Gaumen auf ungewohnte Art verwöhnen, sei es mit Lamm, Kaninchen oder Geflügel, Wildbret oder Fisch und mit raffinierten Desserts. Der begehbare, mit Spitzengewächsen renommierter Güter und Raritäten bestückte Weinkeller ermöglicht für jeden Geschmack die geeignete Wahl.

Der VIERSEITHOF bietet nicht nur Gastlichkeit, sondern auch Kunst auf hohem Niveau – dank des Engagements des heutigen Hausherrn. Mehr als 100 Werke aller Genres – Gemälde, Skulpturen, Grafiken und Fotos – namhafter Brandenburger und Berliner Künstler zieren Räume, Flure und Gästezimmer. Historische Fotos machen am jeweiligen Ort des Hauses die Veränderungen über die Jahre sicht- und vergleichbar. Solch aktivem Kunstverständnis verpflichtet, entstand aus der einstigen Dampfturbinenhalle die Kunsthalle VIERSEITHOF. Sie ist heute gefragter Ort von Ausstellungen besonders junger Künstler aus den neuen Bundesländern, von Lesungen, Liederabenden und Theateraufführungen. Oft wird sie auch für standesamtliche Trauzeremonien genutzt und der VIERSEITHOF wird dann zum sprichwörtlichen »siebten Himmel« – mit lukullischem Hochzeitsmahl und romantischer Hochzeitssuite.

Das 800-jährige, mitten in Teltow-Fläming gelegene Nuthestädtchen Luckenwalde mit einer jahrhundertealten Tuch- und Hutmachertradition ist so manche Entdeckung wert. In seinen Bauwerken spiegeln sich Mittelalter, Gründerzeit und ganz besonders die Reform- und Bauhausarchitektur. Und wer die Landschaftsschutzgebiete des Fläming, seine reiche Natur, Kultur und Geschichte auf aktiv-sportliche Weise erkunden möchte: gleich »hinter der Haustür« beginnt die längste Skating-Bahn Europas mit 100 Kilometern asphaltierten Wegen – ein wahres Mekka für Radfahrer und Skater.

Romantik Hotel Alte Försterei

Der Ort Kloster Zinna wurde auf Betreiben des Preußenkönigs nach Beendigung des Siebenjährigen Krieges zur Ansiedlung von Webern neben dem damals verlassenen Zisterzienserkloster gleichsam auf dem Reißbrett entworfen. Zentral am achteckigen Marktplatz entstand zu Repräsentationszwecken die Oberförsterei im Stile der Barockzeit. Hier logierte der Preußenkönig, empfing seine Gäste und tätigte so manches Regierungsgeschäft.

Heute präsentiert er sich auf hohem Sockel mit dem Rücken zum stattlichen Gebäude – gleichsam als wolle er seine Gäste in das romantische Logierhaus einladen. Durch ein prächtiges Rokokoportal gelangen diese ins Empfangszimmer, das ein höfisches Ambiente bietet. Die einstigen königlichen Wohnräume, die Friedrichs Stuben (60 Plätze), sind dagegen mit Mobiliar aus Urgroßmutters Zeiten ausgestattet. Die vier miteinander verbundenen Räume bilden so eine originelle Zimmerflucht. Eine Referenz an die arbeitsamen Klosterbrüder ist die Schankstube 12 Mönche (50 Plätze). Der Abt schaut in Lebensgröße auf seine Gäste, die im Angesicht von Futterkrippen und Pferdegeschirre daran erinnert werden, dass sie sich hier im ehemaligen Pferdestall befinden. Die alte Scheune (120 Plätze) auf dem Areal des Hotels dient als stilvolle Stätte für Tagungen und Festlichkeiten. Ein gefragter Ort an schönen Tagen ist der malerische kopfsteingepflasterte Innenhof (50 Plätze) mit dem alten Ziehbrunnen aus Friedericus' Zeiten, umgeben von den weinlaubumrankten alten Gemäuern.

Denkmal für Friedrich II., im Hintergrund die Alte Försterei.

Schankstube 12 Mönche.

Frühstücksraum im Romantik Hotel.

Romantik Hotel Alte Försterei
Markt 7
14913 Kloster Zinna
A 10, Abfahrt Luckenwalde, auf die B 101 Richtung Luckenwalde/Jüterbog oder A 9, Abfahrt Brück oder Niemegk, auf die B 102 über Treuenbrietzen Richtung Jüterbog
03372/465-0
03372/40 65 77
www.romantikhotels.com/Kloster-Zinna
alte-foersterei@romantikhotels.com
Hotel durchgehend
Restauration täglich von 12.00 bis 23.00 Uhr
Inhaber: Roland Frankfurth

Die Hotellerie des Vier-Sterne-Quartiers und Romantik Hotels verströmt Esprit und familiäres Flair. Aus dem früheren Trockenboden und den Gesindekammern entstanden 20 Zimmer, Suiten und Maisonetten.

Der »Alte Fritz« hätte gewiss seine Freude an der hier gebotenen märkischen Küche mit französischem Einschlag gehabt, die mehrfach im Wettbewerb um »Brandenburgische Gastlichkeit« ausgezeichnet wurde. Glücklicherweise muss heute niemand befürchten, dass er sich wegen all zu scharfer Würzung – einer Vorliebe Friedrichs – die Eingeweide verbrennt und dann ein Pulver aus Rhabarber und Glaubersalz aus der Hausapotheke als Gegenmittel vorgesetzt erhält. Dafür kann der Gast genießen, was frisch vom Markt kommt und was der märkische Boden, Spree und Havel und nicht zuletzt der Kräutergarten am Haus zu bieten haben. So empfiehlt die Speisekarte eine geschmorte Wirsingroulade in Kapernsoße, mit Speckwürfeln gebratene Scholle oder auch Hirschkalbsrücken mit krautgefüllten Kohlrabiköpfchen und Kartoffelgratin. Der Gast kann Käse vom Jüterboger Wasserbüffel probieren, einer hier gehaltenen Herde von 40 Tieren dieser Art, der sich durch besonderen Wohlgeschmack und Bekömmlichkeit auszeichnet. In der alten Klosterabtei wird der Kräuterlikör Zinnaer Klosterbruder destilliert und kann dort auch verkostet werden.

Die Alte Försterei ist Restaurant und Hotel, Ausflugs- und Veranstaltungsort in einem. Zudem empfiehlt sich ein Besuch in dem über 800 Jahre alten, unmittelbar hinter dem Hotel gelegenen Zisterzienser-Kloster und seinem Museum. Hier finden im Sommer regelmäßig Klosterkonzerte statt, die viele Musikliebhaber aus nah und fern anziehen. Es ist die älteste der 19 in der Mark Brandenburg von den fleißigen Bauernmönchen gegründeten Klosteranlagen, die noch dazu die einzige aus Granitstein gebaute Pfeilerbasilika im ganzen norddeutschen Raum besitzt.

Burghotel

Die trutzige Feste auf hohem Berg kann für sich in Anspruch nehmen, eine der ältesten deutschen Burgen überhaupt zu sein. 997 zum ersten Mal in einer Urkunde von Kaiser Otto III. im Zusammenhang mit den Kreuzzügen gegen die Slawen erwähnt, wurde sie nach Zerstörungen im Schmalkaldischen und im Dreißigjährigen Krieg in den Jahren 1685 bis 1691 wieder aufgebaut. Der 33 Meter hohe Bergfried – im Volksmund auch »Butterturm« genannt und heute als Aussichtsturm genutzt – ist der älteste erhalten gebliebene Teil der Burganlage aus dem 12. Jahrhundert. Berühmte Persönlichkeiten bezogen hier Quartier, unter ihnen Martin Luther 1530, Zar Peter I. im Jahre 1712 oder der russische General Wittgenstein während der Befreiungskriege gegen Napoleon 1813.

Zu DDR-Zeiten erst Berufsschule, dann Jugendherberge, ist die Burg seit Anfang der neunziger Jahre wieder ein allen zugängliches Haus mit Hotel und Gastronomie geworden. Aus dem einstigen Salzmagazin entstand dank engangierten Wirkens der Familie Hartmann ein gastliches Refugium, das bei allem modernen Komfort in seinen 34 Zimmern die Erinnerung an die Zeiten der Ritter und Burgfräulein wach hält. Wohl behütet weiß sich der Gast hinter dicken Mauern in den mit Stilmöbeln ausgestatteten gemütlichen »Kemenaten«. Tagungsräume laden zu kreativem Gedankenaustausch ein, Sauna und Fitness zum Entspannen. Aus den Fenstern fällt der Blick auf den schönen Park mit Burg- und Freiterrasse (80 Plätze) und die 1 000 Jahre alte Stadt Belzig.

Im Stile »alter Burgenherrlichkeit« sind auch Restaurant und der anschließende Rittersaal, die über 200 Gästen Platz bieten, eingerichtet. Unter schweren dunklen Balken, die zugleich als Raumteiler dienen, können sie die schmackhafte flämische Küche mit ihrem Kräuter- und Gewürzreichtum genießen. Schließlich waren es auch flämische Einwanderer im 12. Jahrhundert, die dem Landstrich seinen Namen gaben. Wild-, Fisch- und Fleischgerichte werden

Das Hotel in der Burg Eisenhardt.

Rittersaal mit 200 Plätzen im Stile »alter Burgenherrlichkeit«.

nach altüberlieferten Rezepten zubereitet – seien es geschmorte Schweinerippchen mit Sauerkohl, Rosinen und Thymian, eine Spezialität der Burgküche, oder die Fläming-Forelle mit Mandeln und sahniger Dillsoße. Nach »Burgherrenart getafelt« wird bei den altbäuerlichen Schlachtfesten.

Eine eindrucksvolle Szenerie bietet die Burg für vielfältige kulturelle und sportliche Veranstaltungen, für Musikabende oder mittelalterliche Märkte. Das Burghotel ist idealer Ausgangspunkt für Erkundungen in und um Belzig – seit 1995 wegen seiner reinen sauerstoffreichen Luft und der Thermalquellen zum Luftkurort gekürt –, des Hohen Fläming mit seinen landschaftlichen und historischen Sehenswürdigkeiten, den Schwesterburgen Rabenstein und Schloss Wiesenstein oder dem Hagelberg, auf dem ein Denkmal an den Sieg der vereinigten preußisch-russischen Truppen über Napoleon 1813 erinnert.

Burghotel
Wittenberger Straße 14
14806 Belzig
A 9, Abfahrt Niemegk auf die B 102 nach Belzig
033841/312 96
033841/312 97
www.burghotel-belzig.de
burghotel-belzig@t-online.de
Hotel durchgehend
Burgrestaurant täglich ab 10.00 Uhr
Inhaber: Klaus Hartmann/Sylvana Grännig

Gasthof Zur Linde

Zwar ist es keine Linde, sondern ein uralter 40 Meter hoher Kastanienbaum, der sein schattenspendendes Laubdach weit über den Gutshof spreizt, ansonsten ist alles vorhanden, was ein Bilderbuch-Bauerngut ausmacht. Weidende Schafe kommen neugierig an den Zaun heran, landwirtschaftliche Gerätschaften, wohin das Auge blickt: Leiterwagen und Butterfässer, Dreschflegel, Eggen und Pflüge. Ein malerisches Gebäudeensemble mit Gutshaus und Scheune, das Ende des 19. Jahrhunderts auf mittelalterlichen Grundmauerresten erbaut wurde, und einen Dorfkrug gab es in Wildenbruch schon 1565. Solch' jahrhundertealte Tradition pflegt die junge Gastronomenfamilie Weißmann, die in den neunziger Jahren das ehemalige LPG-Verwaltungsgebäude umbauen ließ, alte gastliche Bräuche zu neuem Leben erweckte und seither die Linde zu einem der bekanntesten Landgasthäuser in der Mark machte. Der Gastraum (70 Plätze) wurde mit Fachwerkbalken, Wandtäfelung und bäuerlichem Kunsthandwerk liebevoll ausgestaltet, die Tenne (80 Plätze) nach originalem Vorbild und gemäß alter Handwerkskunst saniert. Vom Hofgarten (bis zu 150 Plätze) mit seperatem Grillplatz blickt der Gast auf die naheliegende Auenlandschaft. Und gleichsam über dem Dach der Linde thront, für den Gast weithin sichtbar, der schöne Fachwerk-Kirchturm der ältesten Wehrkirche in der Mark aus dem frühen 13. Jahrhundert.

Nach originalem Vorbild – und gemäß alter Handwerkskunst gestaltet – der Gastraum.

Gasthof Zur Linde
Kunersdorfer Straße 1
14552 Michendorf/ OT Wildenbruch
A 10, Abfahrt Potsdam-Süd auf der Landstraße über Michendorf nach Wildenbruch
033205/623 79
033205/456 40
www.zurlinde-wildenbruch.de
post@zurlinde-wildenbruch.de
Ganzjährig 12.00 bis 23.00 Uhr
Inhaber: Ralf und Bärbel Weißmann

Hier bekommt der Besucher »Lust auf Natur« und auf eine Küche mit all ihren bodenständigen Segnungen: Von Aal bis Zwiebeln reicht die Palette der Produkte vom »Bauern nebenan«, dem Binnenfischer vom Seddiner See oder vom Jäger aus Stücken, der das märkische Wildbret liefert. So lockt dann den Besucher die Speisekarte mit der ofenknusprigen deutschen Gans, dem Beelitzer Weidelamm und dem Zauchwitzer Spargel, der gefüllten Roulade vom Hereford-Rind, das auf den nahe gelegenen Wiesen grast, oder den variationsreich zubereiteten Teltower Rübchen, für die schon Goethe schwärmte und um deren Renaissance sich das Gastronomenpaar Weißmann verdient gemacht hat. Aus dem Steinbackofen gibt es Landbrot und würziges Backschwein. Jederzeit gefragt: ein vollmundiges heimisches Bier aus dem Zapfhahn, Säfte und Apfelwein aus Werder und ein edler Tropfen aus Meißen vom Weingut Prinz zur Lippe sowie aus anderen deutschen, spanischen und französischen Anbaugebieten.

In der Linde lebt das ganze Jahr über, was seit Jahrhunderten die Menschen auf dem Lande zusammenführt: ob Erntedankfest mit Blasmusik, Frühstücksbrunch und Festbieranstich, Schlachtfeste mit frischen Spezialitäten oder auch traditionelle Silvester-Karpfen-Essen mit Seddiner Karpfen in Malzbiersoße, mit Dampfkartoffeln und Gurkensalat. Im Januar geht es zum »Bosseln in die Märkische Heide«, einer Neujahrswanderung mit zünftigem Grünkohlschmaus. Und Ostern wird zum Osterfeuer nach altem Brauch geladen mit Leckerbissen vom Grill und Steinbackofen – rund um Fisch und Lamm.

Dass sich bei solch überlieferten gastlichen Geflogenheiten auch der gastronomische Nachwuchs, die Haus-Azubis, gern und mit besonderer Hingabe erproben, etwa beim »Empfang vor der Tenne«, einem erlebnisreichen Abend mit rustikalen Leckerbissen vom Brandenburger Bauernbüfett, gehört zu den besonders sympathischen Zügen des Landgasthauses.

Schloss Diedersdorf

Ein märkischer Adelssitz wie aus den Romanen Theodor Fontanes. Getrost hätte der berühmte Erzähler das elterliche Herrenhaus seiner Effi Briest von Hohen-Cremmen auch nach hier verlegen können. Nur war es damals der »Königliche Obrister und Commandeur des V. Schwerin'schen Infanterieregiments«, Ernst Bogislav von Bandemer, der das Schloss 1774 gekauft und dessen Sohn es danach als »Erb- und Gerichtsherr auf Diedersdorf« in seiner heutigen Gestalt geprägt hat.

Dem Blick des Besuchers bietet sich das herrschaftliche Gutsgebäude – wie überall im Brandenburgischen Schloss genannt – in schlicht-vornehmer Gestalt und im strahlenden, gelb-ziegelroten Farbspiel. Den Vierseitenhof umschließen die langgestreckten einstigen Ställe und Wirtschaftsgebäude samt Gesindehaus, ein weitläufiger Park mit uralten Bäumen, der Schlossteich, Wald und Wiesen. »Eingemeindet« ist die Schlossidylle in den ein paar hundert Seelen zählenden Flecken Diedersdorf mit seinem Wahrzeichen – der über 600 Jahre alten, vom markanten Glockenturm gekrönten Dorfkirche. Welten trennen den Ort von großstädtischer Hast und Hektik, und doch ist er nur sieben Kilometer von der Stadtgrenze entfernt und 30 Kilometer vom Stadtzentrum südlich Berlins gelegen.

Seit der Wende ist aus dem ehemaligen volkseigenen Gut Großbeeren ein Ort märkischer Gastlichkeit entstanden. Wer höfisch-festlich wohnen und nächtigen will, logiert sich im Schlosshotel, in einem seiner vornehmen, unterschiedlich gestalteten Appartements oder Suiten ein. Die Möbel aus Mas-

Schloss Diedersdorf ist rund 30 Kilometer südlich vom Stadtzentrum Berlins gelegen.

Musikantenscheune im ehemaligen Kuhstall.

sivholz sind zum Teil nach alten Vorlagen gefertigt. Wer es ein wenig einfacher, dörflicher mag, findet im Landgasthof gegenüber sein gemütliches und auch preiswerteres Domizil. Die beiden im vornehmen Stil gehaltenen Salons – ideal geeignet für gesellschaftliche und private Feiern, Hochzeiten, Geburtstags- oder Firmenjubiläen – lassen sich im Handumdrehen in Tagungsräume für 20 bis 100 Personen verwandeln, ausgestattet mit moderner Kommunikationstechnik. Zum Plausch oder ganz einfach zum Entspannen kann sich der Gast in den Kaminraum mit Bibliothek zurückziehen oder Sauna, Solarium und Fitnessraum nutzen.

Die Neue Schmiede.

Das ganze Jahr über empfiehlt sich Schloss Diedersdorf als Ausflugsort für jung und alt. Dafür sorgen die vielgestaltigen gastronomischen Einrichtungen und ein dicht gefüllter Veranstaltungskalender. »Schlossherr« Thomas Worm ließ die ursprünglichen Wirtschaftsgebäude unter Wahrung ihrer originalen Gestalt und ländlichen Schlichtheit in ganz unterschiedliche Erlebnisbereiche umgestalten. So kann sich Diedersdorf mittlerweile des wohl bundesweit bekanntesten Kuhstalls rühmen, aus dem jahrelang die Fernsehshow »Musikantenscheune« ausgestrahlt wurde.

Wo früher die edlen Reitpferde der Herrschaften wie auch die schweren Kaltblüter – die Arbeitspferde – standen, empfängt den Besucher heute der Gastraum Pferdestall. Mit seinen 75 Sitzplätzen ist der Pferdestall das ganze Jahr über, an 365 Tagen also, für den Besucher geöffnet. Als liebenswerte Referenz an die alten Zeiten von Ross und Reiter bieten sich den Gästen die angrenzenden Restaurants Alte Schmiede und Neue Schmiede (insgesamt je 130 Innen- und Außenplätze). Der Weinkeller des Schlosses (50 Plätze), eingerichtet in einem uralten Tonnengewölbe, und die angrenzende Cocktailbar

(20 Plätze) sind viel gefragter stimmungsvoller Ort für Gesellschaften oder auch für ein trautes Tête-à-tête.

Mit gutbürgerlicher und original brandenburgischen Küche wird der Besucher ebenso verwöhnt wie mit Gerichten der »haute cuisine«. Als Spezialitäten mit Diedersdorfer Gütesiegel haben sich mittlerweile die Haxen- und Gänseessen, Fischbarbecues vom Grill, Feuerzangenbowlen oder der Schlossbrunch herumgesprochen. Verdienter Lohn der Schlossköche Mühe ist die mehrfache Auszeichnung als Sieger im Landeswettbewerb »Brandenburger Gastlichkeit«. Dass Diedersdorf in ganz kurzer Zeit zu einer Spitzenadresse für ausflugssüchtige Berliner und Brandenburger aufrückte, ist nicht unmaßgeblich einem seiner gastlichen Markenzeichen zu danken: dem Biergarten, eingebettet in den alten Park mit Ahorn und Linden, Akazien und Platanen. Mit über 2 500 Plätzen ist er der größte seiner Art vor den Toren der Hauptstadt und im ganzen Brandenburger Land.

Das Angebot in Diedersdorf reicht von Landpartien, Mai- und Oktoberfesten, Weihnachtsmärkten und Volksmusik-Galas bis zu den so beliebten »Hochzeiten im Schloss« mit hauseigenem Standesamt. Gefragt bei den Kindern sind die Spielplätze in einem eigens geschaffenen Spiel-Schloss mit Go-Kartbahn und riesiger Hüpfblase. Stets ein Anziehungspunkt für jung und alt sind auch die monatlichen Bauernmärkte in der nach historischem Vorbild entstandenen Markthalle, die Verkaufsstände im Hof oder auch die kleinen Läden in früheren alten Wohnstuben.

Der Salon II mit festlich gedeckter Tafel.

In Diedersdorf lockt einer der größten Biergärten der Region Berlin/Brandenburg.

Schloss Diedersdorf
Kirchplatz 5–6
15831 Diedersdorf
von Berlin auf der B 101 über Marienfelde bis Großbeeren, weiter in Richtung Dahlewitz, oder auf der B 96 über Lichtenrade bis Dahlewitz, dann weiter in Richtung Blankenfelde
☎ 03379/35 35-0
Fax 03379/35 35 35
www.schlossdiedersdorf.de
schlossdiedersdorf@t-online-de
Hotel durchgehend
Pferdestall täglich ab 7.00 Uhr
andere Gasträume und Biergarten je nach Witterung und Vereinbarung
Inhaber: Thomas Worm
Geschäftsführer: Henri Schröder

Die historischen Gasthöfe in Brandenburg

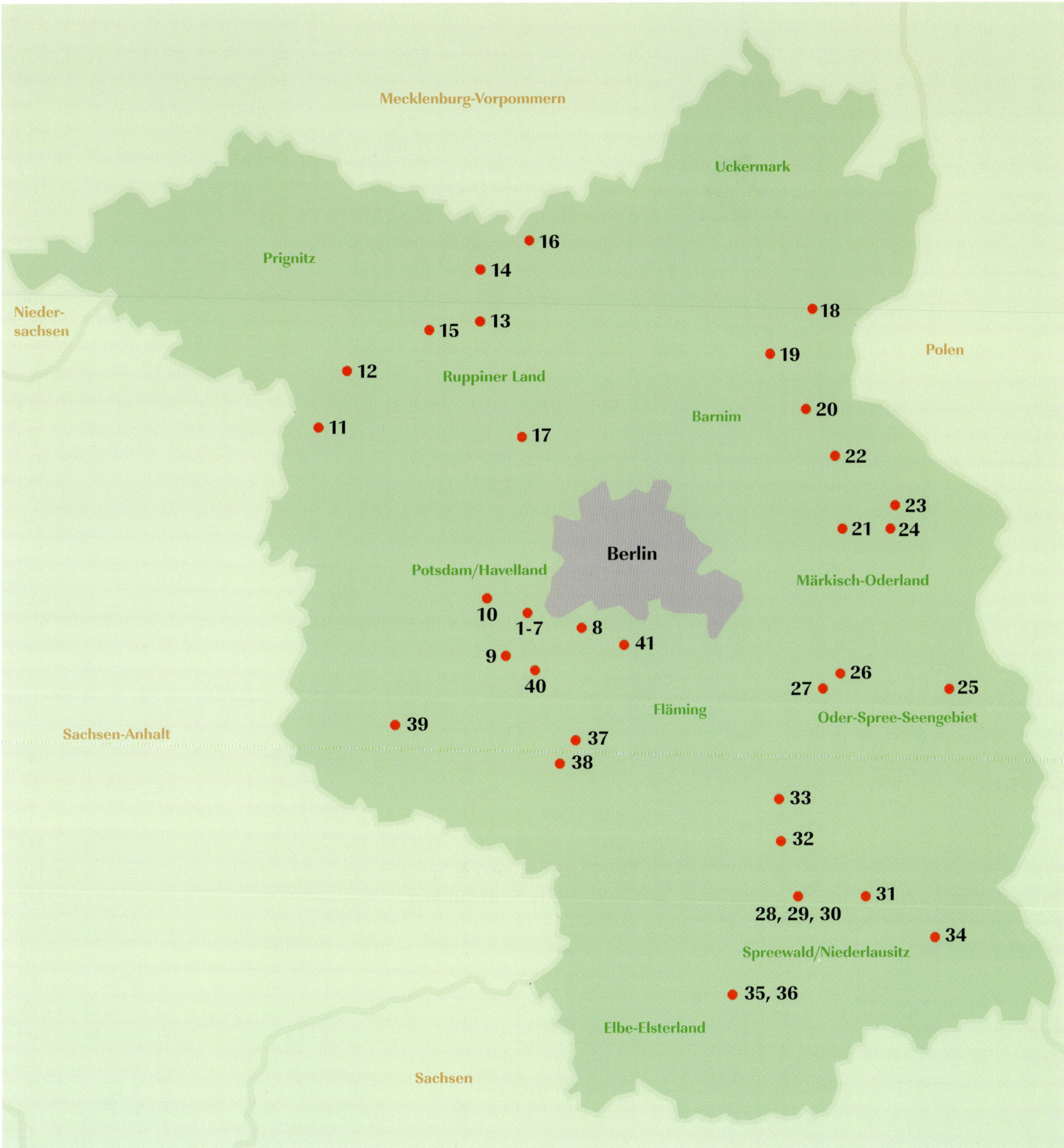
Mecklenburg-Vorpommern
Uckermark
Prignitz
16
14
Nieder-
sachsen
18
15
13
19
Polen
12
Ruppiner Land
20
Barnim
11
17
22
23
21
24
Berlin
Potsdam/Havelland
Märkisch-Oderland
10
1-7
8
41
9
40
26
27
25
Fläming
Oder-Spree-Seengebiet
39
Sachsen-Anhalt
37
38
33
32
31
28, 29, 30
34
Spreewald/Niederlausitz
35, 36
Elbe-Elsterland
Sachsen

Die Autoren

Günter Köhler

Jahrgang 1932, geboren in Oederan (Sachsen). Studium der Journalistik an der Karl-Marx-Universität Leipzig. Tätig u.a. für die »Sächsische Zeitung«, in der innen- und kommunalpolitischen Öffentlichkeitsarbeit und als Übersetzungsredakteur. 1956–1960 Studium an der Akademie für Staats- und Rechtswissenschaft in Potsdam Babelsberg, 1971 Promotion. Zahlreiche Veröffentlichungen zu historischen Gasthöfen in den neuen Bundesländern und Schleswig-Holstein.

Friedhold Birnstiel

Jahrgang 1940, geboren in Lausnitz bei Neustadt/Orla (Thüringen). Studium an der Fachschule für Gastronomie in Leipzig, Ernährungswissenschaft am Institut für Ernährung in Potsdam-Rehbrücke, Akademie für Staats- und Rechtswissenschaft in Potsdam Babelsberg. Arbeitete in der Kreisverwaltung Pößneck, am Institut für Ernährung in Potsdam-Rehbrücke sowie im Ministerium für bezirksgeleitete Industrie und Lebensmittelindustrie. Zahlreiche Veröffentlichungen zur Ernährungswissenschaft und zur historischen Gastronomie in den neuen Bundesländern und Schleswig-Holstein.

Die Texte zu den vorgestellten Einrichtungen beruhen auf Sachinformationen und dokumentarischem Material der jeweiligen Häuser und wurden von ihren Besitzern und Betreibern autorisiert. Die Friedhold Birnstiel GEV Ragow GbR und der be.bra verlag, Berlin, als Herausgeber und Hersteller des Buches übernehmen keine Verantwortung fur die Richtigkeit des Inhalts. Aus falschen Angaben oder nicht erfüllten Leistungsangaben durch die Eigentümer kann keine Schadensersatzpflicht gegenüber dem Hersteller der Publikation abgeleitet werden. Die objektbezogenen Angaben, darunter Telefonnummern und Öffnungszeiten, beruhen auf dem Stand vom 30. Juni 2007. Sie erheben keinen Anspruch auf Vollständigkeit und sind ohne Gewähr. Änderungen im Informationsteil der Objekte können grundsätzlich nicht ausgeschlossen werden.

Für Hinweise auf Veränderungen und Ergänzungen ist der Herausgeber dankbar.

Abbildungsnachweis:
Uwe Friedrich S. 8-10, 14, 15, 17-25, 28-33, 40 li., 41 re., 42 li., 44-59, 62-65, 68-72, 76-81, 88-95, 98-101, 104-111, 114-148, 150-161, 162 li., 164-171.
Folgende Häuser haben dankenswerter Weise Fotos zur Verfügung gestellt: Hotel Adlon (Gerd Spans) S. 11-13; Lutter & Wegner im Kaisersaal S. 16; Schokoladen-Restaurant Fassbender & Rausch S. 26, 27; KADIMA Restaurant S. 34, 35; Chamäleon in den Hackeschen Höfen S. 36, 37; Clärchens Ballhaus S. 38, 39; Funkturm-Restaurant S. 40; Telecafé S. 41; Zollpackhof S. 42 li., u.; Bräustübl S. 55 li.; Restaurant Kolk S. 60, 61; Alter Fritz S. 65 li.; Schlosshotel Grunewald S. 66, 67; Gasthaus St. Hubertus S. 72 li.; Mulackritze im Gründerzeitmuseum S. 73, 75; Schlosshotel Cecilienhof S. 85-87; Hotel Bayrisches Haus S. 96, 97; Restaurant Bäkemühle S. 102, 103; Up-Hus-Idyll S. 112, 113; Schlosshotel Rheinsberg S. 115 o.; Alte Klosterschänke Chorin S. 125 li., re. o.; Hotel Schloss Lübbenau S. 143 o., re.; Zur Bleiche Resort & Spa S. 151 li. o., li. u.; Schreiber's Goldener Hahn S. 162, 163; Gasthof zur Linde S. 170 u.; Schloss Diedersdorf (A. & R. Adam Verlag, Bilderdienst Pansegrau) S. 173-175.
Auf dem Umschlag: Titelseite o.: Hotel Adlon, (Gerd Spans). Titelseite u.: Gasthaus Hirschwinkel, A & R Adam Verlag. Rückseite o.: Zur letzten Instanz, Uwe Friedrich. Rückseite u.: Schloss Diedersdorf, Bilderdienst Pansegrau.
Ist trotz sorgfältigster Bildrecherchen ein Fotograf als Urheber nicht benannt worden, bitten wir dies zu entschuldigen.